中国公路网运行蓝皮书

（2019）

交通运输部公路局
交通运输部路网监测与应急处置中心　编著

人民交通出版社股份有限公司

北　京

内 容 提 要

本书为2019年度中国公路网运行蓝皮书。全书共四章,分别为:概述、全国干线公路网运行情况、公路网运行管理与服务系统建设情况、公路网运行管理与服务保障工作开展。

本书可供路网运行管理与业务人员、相关科研工作者及社会公众阅读参考。

图书在版编目(CIP)数据

中国公路网运行蓝皮书.2019/交通运输部公路局,交通运输部路网监测与应急处置中心编著.—北京:人民交通出版社股份有限公司,2021.2

ISBN 978-7-114-17038-6

Ⅰ.①中… Ⅱ.①交…②交… Ⅲ.①公路网—交通运输管理—研究报告—中国—2019 Ⅳ.①U491

中国版本图书馆CIP数据核字(2021)第021138号

书　　名	中国公路网运行蓝皮书(2019)
著 作 者	交通运输部公路局 交通运输部路网监测与应急处置中心
责任编辑	黎小东
责任校对	孙国靖　卢　弦
责任印制	张　凯
出版发行	人民交通出版社股份有限公司
地　　址	(100011)北京市朝阳区安定门外外馆斜街3号
网　　址	http://www.ccpcl.com.cn
销售电话	(010)59757973
总 经 销	人民交通出版社股份有限公司发行部
经　　销	各地新华书店
印　　刷	北京市密东印刷有限公司
开　　本	787×1092　1/16
印　　张	5.5
字　　数	91千
版　　次	2021年2月　第1版
印　　次	2021年2月　第1次印刷
书　　号	ISBN 978-7-114-17038-6
定　　价	60.00元

(有印刷、装订质量问题的图书,由本公司负责调换)

《中国公路网运行蓝皮书(2019)》

编写领导小组

主　　任：汪　洋　孙永红
副 主 任：顾志峰　王松波　张志军　李　斌　石志清
成　　员：贺志高　杨　亮　蔚晓丹　侯德藻　徐志远

编写组名单

邓　雯	乔　正	董雷宏	王　琰	文　娟	王　鑫
李国瑞	高国庆	尹曦辉	赵　璐	李　琳	王超颖
刘　嘉	陈宇雯	沈孟如	叶劲松	王　虎	闫明月
帕丽再娜	张恒通	唐道强	王梦佳	李婧芳	潘　伟
花　蕾	蔡小秋	李宏海	顾明臣	王英平	陈　洁
杨　峰	郝　盛	虞丽云	李　剑	陈智宏	胡士祥
王燕弓	刘凇男	马超云	李　健	撒　蕾	周　雷
王松涛	党欣媛	王　剑	郝泽鹏	周　正	毛志君
裴　召	苏明杰	高明达	庞笑然	姚　阳	胡路鑫

目 录

第一章　概述 ··· 1
第二章　全国干线公路网运行情况 ·· 4
　一、全国干线公路网运行状况综合评价 ··· 4
　　（一）全国路网运行状况评价 ··· 4
　　（二）区域路网运行状况评价 ··· 6
　　（三）主要运输通道运行状况评价 ··· 9
　二、全国干线公路网交通流量情况 ·· 12
　　（一）全国干线公路网断面交通流量情况 ···································· 12
　　（二）全国高速公路网出口流量情况 ·· 15
　　（三）全国收费公路 ETC 通行交通量情况 ································· 16
　三、全国干线公路网运行畅通情况 ·· 17
　　（一）全国干线公路网总体畅通情况 ·· 17
　　（二）全国干线公路网区域畅通情况 ·· 19
　四、全国干线公路网阻断事件分析 ·· 20
　　（一）阻断事件基本情况 ··· 20
　　（二）阻断事件空间分布分析 ··· 21
　　（三）阻断事件成因分析 ··· 25
　五、全国干线公路网技术状况分析 ·· 26
　　（一）路面路况检测结果及特征分析 ·· 26
　　（二）重点桥梁监测结果及特征分析 ·· 27

（三）重点隧道监测结果及特征分析 ··· 29
　　（四）公路交通安全设施分析评估 ··· 30
　　（五）ETC 车道的运行状况监测 ··· 30

第三章　公路网运行管理与服务系统建设情况 ·· 31
一、公路网运行监测与应急设施及系统建设情况 ·· 31
　　（一）公路网交通量监测设施建设情况 ··· 31
　　（二）公路网视频监测设施及系统建设情况 ··· 32
　　（三）公路网气象环境监测设施建设情况 ··· 34
　　（四）公路应急物资储备及装备建设情况 ··· 34
　　（五）桥梁、隧道安全健康监测设施建设情况 ··· 35
二、公路网出行服务设施及系统建设情况 ·· 36
　　（一）全国公路可变信息标志建设情况 ··· 36
　　（二）全国交通广播合作建设情况 ··· 36
　　（三）全国公路出行服务"两微一端"平台建设情况 ··· 36
三、全国 ETC 联网收费服务设施及系统建设情况 ··· 39
　　（一）全国 ETC 联网收费服务设施建设情况 ··· 39
　　（二）全国 ETC 联网系统建设概况 ··· 39

第四章　公路网运行管理与服务保障工作开展 ··· 41
一、公路网运行管理体制机制与制度建设情况 ··· 41
　　（一）全国公路网运行管理体制建设情况 ··· 41
　　（二）公路网运行管理制度与标准建设情况 ··· 43
二、公路交通应急处置与保障工作开展情况 ·· 44
　　（一）公路交通应急预案管理与保障建设情况 ··· 44
　　（二）公路交通应急演练工作开展情况 ··· 44
　　（三）重大公路交通突发事件应急处置情况 ··· 46
三、全国收费公路联网收费及"营改增"工作开展情况 ·· 47
　　（一）全国收费公路联网收费情况 ··· 47
　　（二）全国收费公路通行费"营改增"工作情况 ··· 48
　　（三）撤销省界收费站运行情况 ··· 48

目 录

四、公路网出行服务及质量评价工作开展情况 …………………………………… 50
　（一）公路客户服务体系建设情况 ………………………………………………… 50
　（二）公路出行服务质量评价情况 ………………………………………………… 50
　（三）公路出行服务产业联盟及社会化协作建设 ………………………………… 51
附录A　6条主要通道运行状况评价结果汇总表 ……………………………………… 52
附录B　全国高速公路出口流量分省汇总表 ………………………………………… 58
附录C　全国干线公路网技术状况表 ………………………………………………… 60
附录D　全国公路网运行监测设施一览表 …………………………………………… 70
附录E　全国桥梁安全健康监测设施现状 …………………………………………… 74

第一章 概　述

2019年是新中国成立70周年，是全面建成小康社会关键之年，也是《交通强国建设纲要》印发实施之年。全国交通运输系统在以习近平同志为核心的党中央坚强领导下，以习近平新时代中国特色社会主义思想为指导，全面贯彻党的十九大和十九届二中、三中、四中全会精神，按照党中央、国务院决策部署，坚持稳中求进工作总基调，坚持新发展理念，坚持推动高质量发展，坚持以交通运输供给侧结构性改革为主线，全力打好三大攻坚战，统筹推进稳增长、促改革、调结构、惠民生、防风险，扎实做好"六稳"工作，为推动经济社会平稳健康发展、全面建成小康社会提供了坚强的交通运输保障。

1. 公路基础设施建设持续平稳增长。 2019年底，全国公路总里程达501.25万公里❶，同比2018年增加16.6万公里；公路密度52.21公里/百平方公里，同比2018年增加1.73公里/百平方公里。其中，二级及以上等级公路里程67.20万公里，同比增加2.42万公里，占公路总里程13.4%，占比与上年基本持平。高速公路里程14.96万公里，同比增加0.70万公里；高速公路车道里程66.94万公里，同比增加3.61万公里。国家高速公路里程10.86万公里，同比增加0.31万公里。全国公路桥梁87.83万座、6063.46万米，同比2018年增加2.68万座、494.86万米。全国公路隧道19067处、1896.66万米，同比2018年增加1329处、173.05万米。

2. 全国干线公路网运行总体平稳有序。 2019年全国干线公路网综合运行指数为53，总体处于良等水平。其中，全国干线公路网技术状况为良等水平，同比2018年小幅提升，干线公路网PQI❷指数为89.89；全国干线公路年平均日断面交通量为15335pcu/日，同比❸2018年增长0.5%；全国高速公路出口流量为1053773万辆次，同比2018年

---

❶ 本书中全国统计数据均未包括香港、澳门特别行政区及台湾省资料。
❷ 路面使用性能指数（PQI）：表征路面性能的综合评价指标。
❸ 同比：为统一口径进行对比分析，有关公路交通流量数据的同期比较均按可比口径计算。

增长8.54%;全国干线公路网畅通情况有所好转,路网拥挤度❶为16.1%,同比2018年下降0.6个百分点;全国31个省(区、市)累计报送各类公路交通阻断事件120808起,累计阻断里程约205.84万公里,累计阻断持续时间约716.63万小时。

3. 公路桥隧养护管理水平持续提升。 2019年,国家干线公路网技术状况监测里程为25000公里,监测重点桥梁40座,监测重点隧道10座。2019年重点监测桥梁、隧道技术状况监测结果显示,省级桥梁养护管理规范化平均得分为95.18分,省级隧道养护管理规范化平均得分为82.01,与2018年保持在同一水平。受检的40座桥梁中,二类桥34座,三类桥6座,总体技术状况及运营情况良好。受检的10座隧道中,二类隧道7座,三类隧道2座,四类隧道1座。

4. 全国干线公路网运行监测能力不断提高。 截至2019年底,全国高速公路交通量监测设施总规模达2.1万套,平均布设密度达10公里/套;普通国省干线公路交通量参数监测设施总规模达1.1万余套。全国公路网视频监测设施(含路段互通、收费站、桥隧、服务区)总规模达到近23.7万套,其中高速公路平均布设密度达3公里/套,高清级视频监测设施占比已达60%以上。全国公路网气象监测设施总规模已近3800余套,其中高速公路气象监测设施总规模达3500余套。

5. 公路出行服务系统建设工作持续推进。 截至2019年底,全国高速公路建设可变信息标志29135块,普通国省干线建设可变信息标志1273块。中国交通广播已完成了北京、天津FM99.6,河北FM101.2,湖南FM90.5,湖北FM94.8五大区域的组网覆盖以及呼和浩特、哈尔滨、上海、西安、兰州、银川、乌鲁木齐等7个城市的覆盖,服务超过全国三分之一省份的公众出行。全国各省(区、市)共开通具有公路出行信息服务功能的微博74个,开通具有公路出行信息服务功能[含ETC(电子不停车收费系统)业务]的微信142个,开通公路出行服务移动客户端50个。

6. 公路应急保障体系建设和处置工作稳步推进。 2019年,各级交通运输管理部门积极修订完善公路应急预案,公路交通突发事件应急预案体系不断完善,逐步形成了包含国家公路交通突发事件应急预案、省级公路交通突发事件应急预案、交通运输企事业单位应急预案和应急操作手册四种类型的公路交通突发事件应急预案体系。截至2019年底,各级公路交通部门高效处置了年初低温雨雪冰冻、汛期强降雨、台风"丹娜丝""利奇马"等的不利影响,成功应对"8·20"汶川特大山洪泥石流、四川长宁6.0级地震、江苏无锡G312高架桥垮塌、甘肃夏河5.7级地震、G25长深高速公路无锡段大客车交通

---

❶ 路网拥挤度:路网中处于中度拥堵和严重拥堵状态的路段里程占路网总里程的百分比。

事故等重特大突发事件。

7. 取消高速公路省界收费站顺利完成。截至2019年底,全国共有ETC专用车道27546条,新增ETC专用车道7872条,同比2018年增长40.01%;主线收费站ETC车道覆盖率为99.32%,匝道收费站ETC车道覆盖率为98.45%;建成ETC自营服务网点2742个,合作代理网点82784个,各类服务终端53522个。截至2019年底,全国ETC用户共计20388.31万,约占汽车保有量的78.4%,同比2018年增长166.3个百分点。全国联网省(区、市)ETC总交易量达到116.6亿笔、总交易额5628.8亿元;非现金交易量达到57.5亿笔、交易额3175.8亿元。2019年12月31日,完成18个部级系统开发建设,48211条ETC车道、24588套门架、11401条入口称重车道建设,取消了487个省界收费站,新增ETC用户1.23亿,如期完成了撤站攻坚任务。

第二章 全国干线公路网运行情况

一、全国干线公路网运行状况综合评价

(一) 全国路网运行状况评价

根据2019年度全国干线公路网基础设施运行状况和交通运行状况综合评价分析，2019年全国干线公路网综合运行指数❶为53，处于良等水平，较往年有一定程度下降。其中，全国干线公路网技术状况（PQI）为良等水平，同比2018年小幅提升；阻断率持续高位，同比2018年大幅上升；路网拥挤度良好，路网整体处于基本畅通水平，同比2018年小幅下降。具体如表2-1所示。

2015—2019年全国干线公路网运行状况评价结果　　　表2-1

年　份	PQI	阻断率❷	拥挤度❸（%）	路网综合运行指数
2015年	89.70	2.46	17.00	53
2016年	89.56	1.18	16.00	58
2017年	88.74	0.62	18.00	60
2018年	89.12	1.65	16.70	54
2019年	89.89	2.64	16.10	53

综合分析近五年全国干线公路网运行状况，2015年和2016年全国干线公路网综合运行指数均处于中等偏上水平，总体呈现上升态势，2017年达到良等水平，2018年和2019年由于路网运行阻断率持续大幅上升，导致综合运行指数持续下降，处于中等偏上

---

❶ 本报告中路网综合运行指数划分标准为：[0,20)差，[20,40)次，[40,60)中，[60,80)良，[80,100]优。
❷ 本报告中路网阻断率划分标准为：<0.06低，[0.06,0.45)较低，[0.45,0.6)中，[0.6,2)较高，≥2高。
❸ 本报告中路网拥挤度划分标准为：<11%畅通，[11%,19%)基本畅通，[19%,28%)轻度拥堵，[28%,36%)中度拥堵，≥36%严重拥堵。

水平。具体如图 2-1 所示。

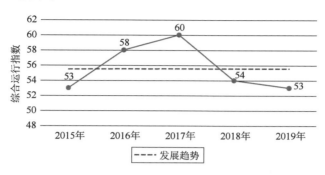

图 2-1　2015—2019 年全国干线公路网运行状况

1. 技术状况评价

从技术状况评价指标来看,近五年全国干线公路网技术状况均处于良等水平,总体呈现小幅下降趋势。其中,2017 年相对较差,2018 年起持续回升,2019 年接近优等水平。具体如图 2-2 所示。

图 2-2　2015—2019 年全国干线公路网技术状况

2. 畅通情况❶评价

从路网畅通程度评价指标来看,近五年全国干线公路网均处于基本畅通水平,拥挤度总体呈现下降趋势。其中,2017 年路网拥挤度较高,2018 年起路网拥挤度持续下降。具体如图 2-3 所示。

3. 阻断情况评价

从路网阻断程度评价指标来看,近五年全国干线公路网阻断率持续位于较高水平,总体呈现上升趋势。2015 年阻断率较高,之后阻断率快速下降,2018 年起阻断率持续快速上升。具体如图 2-4 所示。

---

❶ 畅通情况利用拥挤度的反向指标作为表征。

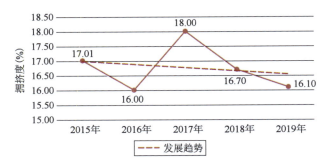

图 2-3 2015—2019 年全国干线公路网拥挤程度

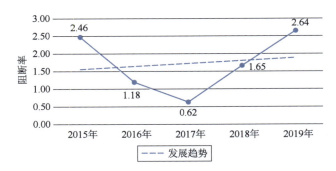

图 2-4 2015—2019 年全国干线公路网阻断程度

(二)区域路网运行状况评价

1. 区域路网总体评价

2019 年,东、中、西部地区路网综合运行指数分别为 51、56 和 50,均处于中等偏上水平。综合分析近五年东、中、西部路网运行状况,东部地区路网综合运行指数呈上升趋势,由中等偏下水平上升至中等偏上水平,中部和西部地区路网综合运行指数保持在中等偏上水平,呈小幅波动态势。具体如表 2-2 及图 2-5 所示。

2015—2019 年东、中、西部路网运行状况评价结果汇总表　　　表 2-2

年　份	区域路网	PQI	阻 断 率	拥挤度(%)	路网综合运行指数	评价等级
2015 年	东部	92.67	4.40	24.50	45	中下
	中部	88.37	1.20	12.70	58	中上
	西部	88.28	2.30	14.60	53	中上
2016 年	东部	92.39	2.20	28.10	48	中下
	中部	88.93	1.00	8.60	61	良
	西部	88.16	0.90	18.50	57	中上

续上表

年　　份	区域路网	PQI	阻　断　率	拥挤度(%)	路网综合运行指数	评价等级
2017 年	东部	92.52	0.50	28.35	60	良
	中部	87.52	1.06	19.25	55	中上
	西部	87.16	0.78	12.01	60	良
2018 年	东部	92.20	1.01	27.20	55	中上
	中部	88.27	1.59	10.77	57	中上
	西部	87.75	2.12	18.49	50	中上
2019 年	东部	92.15	1.53	27.89	51	中上
	中部	89.99	2.11	8.75	56	中上
	西部	88.38	4.84	18.16	50	中上

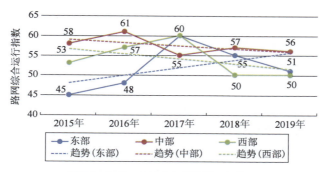

图 2-5　2015—2019 年区域路网运行状况

2. 区域路网技术状况评价

从路网技术状况评价指标来看,东部路网技术状况明显好于中、西部,近五年均处于优等水平。中部路网技术状况略优于西部,近五年均处于良等水平。近五年中部路网技术状况呈上升趋势,东部和西部路网技术状况呈小幅下降趋势。具体如图 2-6 所示。

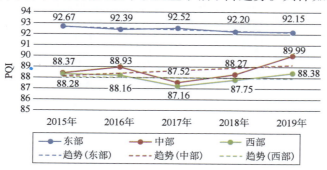

图 2-6　2015—2019 年区域路网技术状况

3. 区域路网畅通情况评价

从路网畅通程度评价指标来看,东部路网拥挤度明显高于中、西部,近五年达到轻度拥堵甚至中度拥堵水平。中部和西部路网拥挤度相近,近五年均处于基本畅通水平。近五年东、西部路网拥挤度呈上升趋势,中部路网拥挤度呈下降趋势。具体如图 2-7 所示。

图 2-7　2015—2019 年区域路网畅通情况

4. 区域路网阻断情况评价

从路网阻断程度评价指标来看,近五年东部路网阻断率总体呈快速下降趋势,中部和西部地区路网阻断率呈上升趋势。2015 年东、中、西部路网阻断率均达到较高水平,之后逐年下降。2017 年东、中、西部路网阻断率处于较低水平。2018 年和 2019 年东、中、西部路网阻断率持续明显上升。具体如图 2-8 所示。

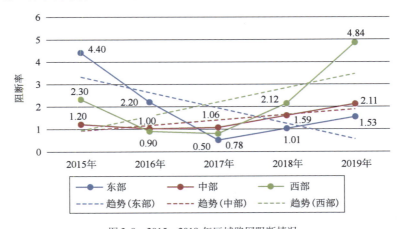

图 2-8　2015—2019 年区域路网阻断情况

(三)主要运输通道运行状况评价

1. 通道总体状况评价

2019 年,京哈、京沪、京港澳、长深、连霍、沪蓉 6 条主要运输通道运行指数[1]分析,京港澳高速公路接近良等水平,沪蓉通道的普通公路达到优等水平,其他通道运行状况均处于良等。对比 2019 年 6 条通道中的高速公路运行状况,连霍高速公路运行状况相对较好,京港澳高速公路运行状况相对较差。对比 2019 年 6 条通道中的普通公路运行状况,沪蓉通道中的普通公路运行状况相对较好,京沪通道中的普通公路运行状况相对较差。近五年 6 条主要运输通道运行状况评价结果如表 2-3 所示。

2015—2019 年 6 条主要运输通道运行状况评价结果汇总表　　表 2-3

通　　道		通道运行指数				
		2015 年	2016 年	2017 年	2018 年	2019 年
京哈通道	高速公路	3.43	3.40	3.62	3.56	3.09
	普通公路	3.17	2.97	3.57	3.25	3.73
京沪通道	高速公路	3.53	3.02	2.88	2.73	3.07
	普通公路	3.24	3.02	3.70	3.24	3.12
京港澳通道	高速公路	3.28	3.15	3.18	3.12	2.99
	普通公路	3.65	3.03	4.11	3.42	3.27
长深通道	高速公路	3.92	3.98	4.04	3.69	3.60
	普通公路	3.29	3.16	3.70	3.49	3.69
连霍通道	高速公路	3.92	4.03	3.74	3.79	3.84
	普通公路	3.46	3.54	3.17	3.36	3.25
沪蓉通道	高速公路	3.68	3.61	3.53	3.55	3.50
	普通公路	3.80	3.59	4.18	3.67	4.13

2. 通道技术状况评价

从近五年通道技术状况单项指标分析,6 条通道中的高速公路技术状况均为优等,京沪、长深和沪蓉通道的普通公路技术状况为优等,京哈、京港澳和连霍通道的普通公路技术状况为良等。对比 6 条通道中的高速公路技术状况,长深高速公路和沪蓉高速公路相对较好,京沪高速公路和京港澳高速公路次之,连霍高速公路和京哈高速公路相对较差。对比 6 条通道中的普通公路技术状况,京沪和沪蓉通道中的普通公路相对较好,长深和京港澳通道中的普通公路次之,京哈和连霍通道中的普通公路相对较差。近

---

[1] 通道运行指数描述跨省重要通道的整体运行状况,采用通道技术状况、通道拥挤度、通道阻断情况等单项指标的综合评估结果进行表征。

五年 6 条主要运输通道技术状况评价结果如表 2-4 所示。

2015—2019 年 6 条主要运输通道技术状况评价结果汇总表　　　表 2-4

通　　道		技术状况指数（PQI）				
		2015 年	2016 年	2017 年	2018 年	2019 年
京哈通道	高速公路	91.50	91.64	90.54	90.79	93.44
	普通公路	88.82	86.00	81.53	84.94	86.99
京沪通道	高速公路	93.62	93.84	93.55	93.73	96.13
	普通公路	92.02	91.20	90.74	89.97	92.74
京港澳通道	高速公路	93.03	93.87	93.40	93.38	94.39
	普通公路	90.14	87.41	86.64	88.91	89.47
长深通道	高速公路	94.44	93.89	94.07	93.78	95.37
	普通公路	90.69	89.30	88.48	88.33	90.94
连霍通道	高速公路	91.54	91.82	91.49	90.92	94.50
	普通公路	85.66	86.75	87.78	86.62	82.85
沪蓉通道	高速公路	94.20	93.91	93.89	94.18	95.56
	普通公路	91.27	90.88	90.78	88.40	90.88

3. 通道畅通情况评价

从 6 条主要运输通道通畅情况评价结果分析，京沪高速公路拥挤度[1]较高，达到严重拥堵水平，京港澳高速公路拥挤度达到中度拥堵水平，京哈高速公路拥挤度为轻度拥堵，其他高速公路拥挤度处于基本畅通水平。京沪、京港澳和长深通道中的普通公路拥挤度达到中度拥堵水平，京哈和沪蓉通道中的普通公路拥挤度达到轻度拥堵水平，连霍通道中的普通公路处于基本畅通水平。2019 年，京哈和京沪通道拥挤度较 2018 年略有上升，长深、连霍和沪蓉通道拥挤度与 2018 年基本持平，京港澳通道拥挤程度略有缓解。近五年 6 条主要运输通道畅通情况评价结果如表 2-5 所示。

2015—2019 年 6 条主要运输通道畅通情况评价结果汇总表　　　表 2-5

通　　道		拥　挤　度				
		2015 年	2016 年	2017 年	2018 年	2019 年
京哈通道	高速公路	0.62	0.68	0.63	0.59	0.75
	普通公路	0.95	1.01	0.84	0.79	0.78
京沪通道	高速公路	0.56	0.85	0.96	1.01	0.99
	普通公路	0.88	1.01	0.98	0.95	1.11

---

[1] 通道拥挤度指通道年平均日交通量与通道适应交通量的比值。

续上表

通道		拥挤度				
		2015 年	2016 年	2017 年	2018 年	2019 年
京港澳通道	高速公路	0.74	0.81	0.84	0.81	0.86
	普通公路	0.92	1.25	0.67	1.09	0.93
长深通道	高速公路	0.40	0.48	0.56	0.54	0.58
	普通公路	0.86	0.93	0.93	0.93	0.94
连霍通道	高速公路	0.32	0.34	0.36	0.38	0.37
	普通公路	0.50	0.54	0.70	0.70	0.66
沪蓉通道	高速公路	0.52	0.57	0.65	0.63	0.65
	普通公路	0.58	0.60	0.64	0.64	0.65

对比近五年 6 条通道中的高速公路拥挤度,高速公路的拥挤度均呈现上升趋势。对比 6 条通道中的普通公路拥挤度,京沪通道普通公路拥挤度较高,京港澳、长深和京哈通道普通公路拥挤度次之。

从 6 条通道拥挤程度的空间分布看,局部路段拥挤度很高。京哈通道的 G102 天津段、河北段,京沪通道的 G2 江苏段、上海段和 G312 上海段,京港澳通道的 G4 北京段、湖南段和 G107 北京段、广东段,沪蓉通道的 G312 上海段,达到严重拥堵水平。以上局部拥堵路段的严重拥堵状况已持续 4 年以上,其中沪蓉通道的 G312 上海段和京沪通道的 G104 北京段拥堵情况最为严重。

4. 通道阻断情况评价

从近五年阻断程度单项指标分析,6 条通道的高速公路阻断率普遍较高。连霍高速公路阻断率增长较快,2018 年和 2019 年阻断率明显高于其他高速公路。2019 年京哈高速公路阻断率较低。6 条通道的普通公路阻断率普遍低于高速公路,连霍通道普通公路阻断率较高,长深通道普通公路阻断率较低。近五年 6 条主要运输通道阻断情况评价结果如表 2-6 所示。

2015—2019 年 6 条主要运输通道阻断情况评价结果汇总表　　表 2-6

通道		阻断率				
		2015 年	2016 年	2017 年	2018 年	2019 年
京哈通道	高速公路	10.58	3.26	1.42	2.98	5.08
	普通公路	1.13	1.50	0.02	1.39	0.28
京沪通道	高速公路	24.42	4.55	1.09	4.34	10.59
	普通公路	2.17	9.01	0.02	0.94	1.11

续上表

通道		阻断率				
		2015年	2016年	2017年	2018年	2019年
京港澳通道	高速公路	5.05	4.42	1.28	7.97	16.24
	普通公路	0.15	0.53	0.00	0.25	0.60
长深通道	高速公路	1.98	0.58	0.46	2.27	7.25
	普通公路	1.82	2.12	0.01	0.32	0.06
连霍通道	高速公路	4.72	1.36	7.41	11.81	25.47
	普通公路	14.51	1.43	5.56	4.97	5.15
沪蓉通道	高速公路	6.71	5.60	2.30	4.55	19.01
	普通公路	0.92	2.92	0.07	0.86	0.15

6条主要运输通道运行状况评价结果详见附录A。

二、全国干线公路网交通流量情况

（一）全国干线公路网断面交通流量情况

1. 总体情况分析

根据全国交通情况调查系统统计数据❶,2019年全国干线公路年平均日交通量为15335pcu/日,同比2018年增长0.5%。近五年全国干线公路网交通量变化趋势如图2-9所示。

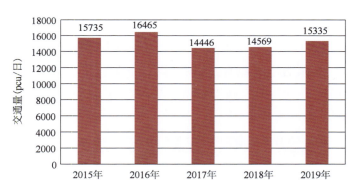

图2-9　2015—2019年全国干线公路网年平均日交通量变化趋势

2019年,全国高速公路年平均日交通量为27150pcu/日,年平均日行驶量为177910万车公里/日,同比2018年分别增长1.9%、1.9%。

---

❶ 全国交通情况调查系统统计数据由交通运输部规划研究院提供。

2. 时间分布分析

从时间分布看,全国干线公路网交通量月度变化特征明显:2月交通量保持低位,3月、4月小幅增长,5月回落,从7月开始交通量继续增长,8月达到波峰,此后逐月回落。具体变化情况如图2-10所示。

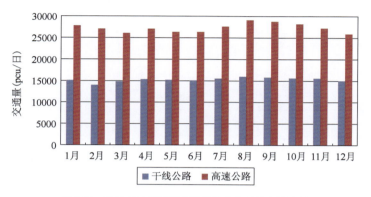

图2-10　2019年全国干线公路网月度交通量变化情况

3. 空间分布分析

从空间分布看,国家高速公路网主通道中年平均日交通量较大的路段是沪昆高速公路(G60)上海段和浙江段、沈海高速公路(G15)上海段、京沪高速公路(G2)上海段、江苏段和北京段、沪蓉高速公路(G42)江苏段、京港澳高速公路(G4)北京段等;重点城市群联络线及地区环线中,年平均日交通量较大的路线是莞佛高速公路(G9411)、广澳高速公路(G0425)、杭州湾地区环线(G92)、宁芜高速公路(G4211)、珠江三角洲地区环线(G94)等;年平均日交通量较小的国道路段主要分布在边疆地区的普通国道,如红吉线(G216)西藏段、连共线(G310)青海段等。具体如表2-7所示。

全国干线公路网年平均日交通量情况　　　　　　表2-7

序号	通　道	路　段	交通量(pcu/日)
国家高速公路			
1	G2 京沪高速公路	上海段	126616
2	G42 沪蓉高速公路	江苏段	105903
3	G60 沪昆高速公路	上海段	103576
4	G15 沈海高速公路	上海段	101840
5	G2 京沪高速公路	北京段	99228
6	G4 京港澳高速公路	北京段	79845

续上表

序号	通道	路段	交通量(pcu/日)
重点城市群联络线及地区环线			
1	G9411 莞佛高速公路	广东段	110455
2	G0425 广澳高速公路	广东段	83466
3	G92 杭州湾地区环线	浙江段	73606
4	G4211 宁芜高速公路	江苏段	60850
国道			
1	G216	西藏段	727
2	G233	内蒙古段	776

从全国各大区域交通量分布情况看,全国干线公路网交通量分布不均匀。其中,华南地区干线公路网年平均日交通量最大,为 27706pcu/日;其次是华东地区,为 25679pcu/日;年平均日交通量最小的区域是东北地区,为 7620pcu/日。具体如图 2-11 所示。

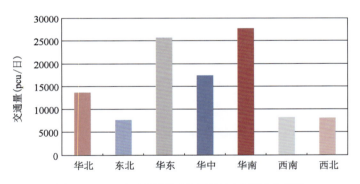

图 2-11 2019 年全国干线公路网区域交通量分布情况

从全国 31 个省(区、市)的交通量分布情况看,交通量规模与该地区经济发展水平、产业布局、所处地理位置有密切关系。2019 年,全国年平均日交通量前 5 位的省份依次是上海、广东、浙江、山东、江苏;后 5 位的省份依次是西藏、黑龙江、新疆、吉林、内蒙古。

从路网交通承载分布情况看,路网密集的华东地区承担的行驶量占全国总量的 27.6%,其次是华中地区,占全国总量的 18.7%,东北地区承担的行驶量占比最小,为 5.5%。具体如图 2-12 所示。

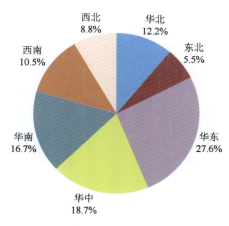

图 2-12 2019 年全国干线公路网区域行驶量分布占比情况

（二）全国高速公路网出口流量情况

1. 全国高速公路网出口流量统计分析

根据全国高速公路通行数据动态监测平台收费数据[1]，2019 年全国高速公路收费站出口流量为 1053773 万辆次，同比 2018 年增长 8.54%。其中，北京、河北、江苏、浙江、山东、河南、广东和四川的高速公路收费站出口总流量均超过 5 亿辆次。近三年全国高速公路网出口流量变化趋势如图 2-13 所示。

图 2-13 2017—2019 年全国高速公路出口流量变化趋势

从时间分布看，2019 年全国高速公路网出口流量月度变化特征较明显。2 月由于春节返乡，出口流量下降；劳动节 5 天长假出行需求旺盛，5 月出口流量增长明显；受暑假等因素影响，7 月、8 月出口流量较高，9 月开学后出口流量回落；10 月因为国庆长假

---

[1] 全国高速公路通行数据动态监测平台收费数据由交通运输部科学研究院提供。

因素出口流量达到全年峰值,此后 11 月、12 月因季节因素影响逐月回落。具体如图 2-14 所示。

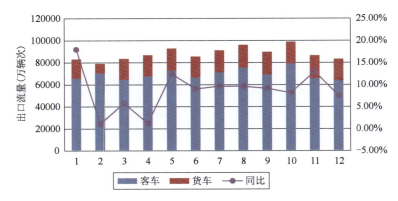

图 2-14　2019 年全国高速公路出口流量月变化情况

2. 区域出口流量统计分析

全国各区域高速公路出口流量分布不均衡。其中,华东地区年出口流量最大,为 281889 万辆次,占全国总量的 23.99%;其次是华南地区,为 261107 万辆次,占全国总量的 22.22%,华东和华南地区的货运也较为发达,货车比例较大。出口流量最小的区域是东北地区,为 39828 万辆次,占全国总量的 3.39%。具体如图 2-15 所示。2019 年,全国高速公路出口流量前 5 位的省份依次是广东、江苏、四川、浙江、北京;后 5 位的省份依次是新疆、黑龙江、吉林、青海、宁夏。全国各省高速公路出口流量详见附录 B。

图 2-15　2019 年全国高速公路区域出口流量分布情况

(三)全国收费公路 ETC 通行交通量情况

2019 年,29 个省(区、市)联网区域内收费公路总通行量约 116.6 亿辆次,同比 2018 年增长 8.7 亿辆次,增幅为 8%。其中,客车约 90.4 亿辆次,货车约 26.2 亿辆次,分别占 77.5%、22.5%。全年通行量前 5 位的省份依次为广东、北京、四川、浙江、江苏。

ETC 通行量约 45.11 亿辆次,约占全网总通行量 38.7%,同比 2018 年增长 12.34 亿辆次,增幅约为 37.7%。近三年全国 ETC 通行量情况如图 2-16 所示。

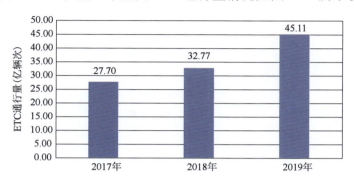

图 2-16　2017—2019 年联网区域收费公路 ETC 通行量情况

三、全国干线公路网运行畅通情况

(一) 全国干线公路网总体畅通情况

2019 年,全国干线公路网畅通情况有所好转,拥挤度为 16.1%,同比 2018 年下降 0.6 个百分点,高速公路网和普通国道网的拥挤度分别为 10.7% 和 18.3%,公路网总体畅通情况有所提升。其中,高速公路处于"畅通"和"基本畅通"状态的里程比例为 82.2%,同比 2018 年下降 1%,"严重拥堵"状态的里程比例为 3.4%;普通公路处于"畅通"和"基本畅通"状态的里程比例为 71.4%,"严重拥堵"状态的里程比例为 7.2%,同比 2018 年略有下降。具体如图 2-17 所示。

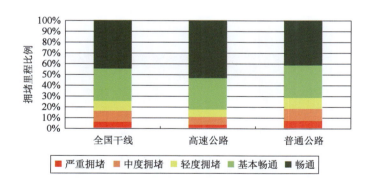

图 2-17　2019 年全国干线路网不同等级路网拥挤度情况

从路网空间分布看,高速公路方面,东北、新疆、云南等区域,京新高速公路(G7)内蒙古段、杭瑞高速公路（G56）安徽段等路段较为畅通；拥堵的路段主要分布在沪昆高速公路（G60）上海段、京沪高速公路（G2）北京段、沪蓉高速公路（G42）江苏段、京港澳高速公路（G4）湖南段等路段。普通国道方面，新疆、甘肃、青海、西藏等西部地区、东北地区及湄西公路（G356）云南段、龙东公路（G334）内蒙古段等路段较为畅通；拥堵路段主要分布在京津冀、长三角、粤港澳大湾区等经济发达地区。具体如表2-8所示。

全国干线公路网畅通情况　　　　　　　表2-8

序号	通道	路段	拥挤度
高速公路			
1	G2 京沪高速公路	北京段	1.80
2	G60 沪昆高速公路	上海段	1.60
3	G4 京港澳高速公路	湖南段	1.17
4	G7 京新高速公路	内蒙古段	0.03
5	G85 银昆高速公路	陕西段	0.07
普通国道			
1	G325	广东段	2.39
2	G312	上海段	2.28
3	G107	北京段	2.23
4	G309	陕西段	0.15
5	G528	福建段	0.24

从时间分布看，全国路网月平均处于"基本畅通"状态，其中，4月至9月拥堵程度略高。2019年全国路网月平均拥挤度情况如图2-18所示，路网月度畅通状态比例如图2-19所示。

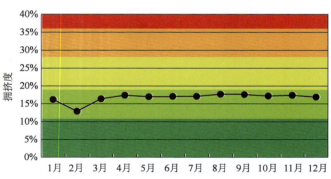

图2-18　2019年全国路网月平均拥挤度情况

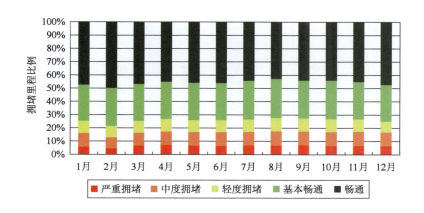

图 2-19　2019 年全国路网月度畅通状态比例

(二) 全国干线公路网区域畅通情况

2019 年,全国干线公路网各大区域间的畅通程度差异较大。其中,华南地区路网最为拥堵,拥挤度达 31.2%,比 2018 年略有下降;东北、西南、西北地区路网较为畅通,拥挤度分别为 10.0%、9.6% 和 7.5%。与 2018 年相比,华东、东北地区路网拥堵情况加剧,华北、华中、西南、西北地区拥挤度有所好转。具体如图 2-20 所示。从全国 31 个省(区、市)的拥挤度分布情况看,2019 年干线路网拥挤度较高的省份依次是上海、广东、天津、山东、北京;拥挤度较小的省份依次是内蒙古、西藏、青海、新疆、黑龙江。高速公路拥挤度较高的省份依次是上海、北京、四川、天津、广东;拥挤度较小的省份依次是黑龙江、内蒙古、新疆、吉林、甘肃。

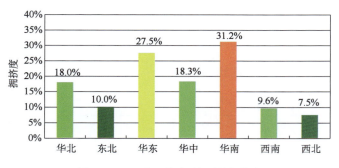

图 2-20　2019 年区域路网年平均拥挤度

根据近三年各大区域路网拥挤度年度变化情况分析,华南地区的路网拥挤度始终处于全国高位;华北、西南地区拥挤度小幅下降,东北、华东、华中、西北地区基本持平。具体如图 2-21 所示。

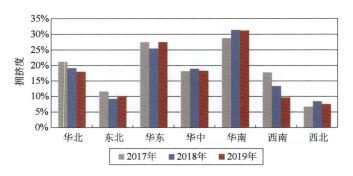

图 2-21　2017—2019 年各区域路网年平均拥挤度变化

四、全国干线公路网阻断事件分析

(一)阻断事件基本情况

根据新修订的《公路交通阻断信息报送制度》及升级后的"交通运输部路况信息管理系统"报送数据统计,2019 年全国 31 个省(区、市)累计报送各类交通阻断事件共计 120808 起,累计公路阻断里程约 205.84 万公里,累计公路阻断持续时间约 716.63 万小时。从发生阻断事件的公路等级来看,高速公路为 115893 起,约占 95.93%。2019 年,国省干线公路网阻断事件覆盖率❶和阻断事件重复系数❷均有所增加,而重复系数较高,覆盖率较低,说明阻断事件空间分布范围持续扩大的同时,部分路段及区域阻断事件发生频次较高,分布相对集中。具体如图 2-22 所示。

图 2-22　2019 年阻断事件影响范围分析

❶　阻断事件覆盖率:某一区域内路网阻断里程与路网总里程的比值。覆盖率反映了公路网中阻断事件覆盖范围的大小,比值越大说明事件影响覆盖范围越广。

❷　阻断事件重复系数:某一区域内路网累计阻断里程与公路网总里程的比值。重复系数反映了公路网中阻断事件重复发生的频率,比值越大说明某路段或区域发生阻断事件越多。

对比分析历年全国干线公路网阻断事件变化趋势,如图 2-23、图 2-24 所示,公路网阻断事件数量、累计阻断里程整体呈上升趋势,说明路网运行压力及阻断事件影响程度逐年增加。

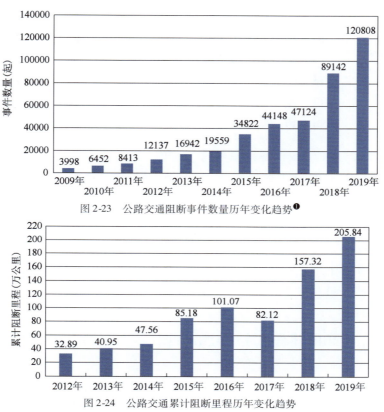

图 2-23　公路交通阻断事件数量历年变化趋势❶

图 2-24　公路交通累计阻断里程历年变化趋势

从阻断事件时间分布来看,8 月、10 月、11 月和 12 月为阻断事件发生的高峰期,这四个月发生的阻断事件数量约占全年的 43.26%,具体如图 2-25 所示。夏、秋、冬三季交替期为公路交通阻断事件频发期,其中因冬季是恶劣天气(如降雪、结冰等)多发季节,公路交通运行最容易受到影响。

(二)阻断事件空间分布分析

1.区域分布分析

2019 年,西南地区上报阻断事件最多,达 42808 起,占全国阻断总数的 35.43%,相应造成的累计阻断里程仅占全国阻断里程的 7.19%,阻断持续时间占全国的 22.11%,

---

❶ 2017 年 7—12 月由于"交通运输部路况信息管理系统"升级期间采用人工报送,导致阻断事件报送数据不全。2018 年,因新修订的《公路交通阻断信息报送制度》施行,阻断事件类别及报送要求发生变化,导致全年阻断事件报送量大幅增长。

说明西南地区虽然阻断事件较多,但事件对路网运行造成影响程度较小。

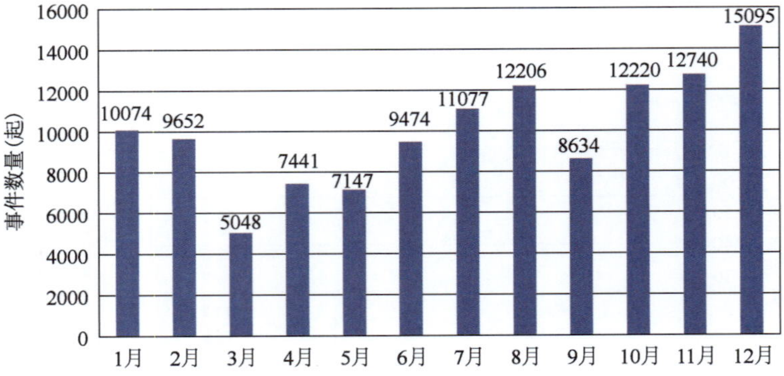

图 2-25 2019 年公路交通阻断事件时间分布

东北、西北地区上报阻断事件最少,分别为 3148 起、6422 起,占全国阻断总数的 2.61%、5.32%。其中,西北地区累计阻断持续时间全国最长,为 158.82 万小时,占全国阻断持续时间的 25.07%,累计阻断里程占全国的 8.82%,说明西北地区阻断事件对路网运行的影响程度较为严重。

华北、华东及华中地区阻断事件数量、阻断累计时间相对处于中等严重程度。其中,华北地区的累计阻断里程全国最长,达 90.71 万公里,说明华北地区阻断事件造成的路网影响范围最大。

各地区公路交通阻断事件数量、累计阻断里程、累计阻断持续时间情况如图 2-26 ~ 图 2-28 所示。

图 2-26 2019 年各地区公路交通阻断事件数量

2. 省域分布分析

从省域分布情况看,2019 年全国阻断事件总数超过 1800 起的省(区、市)有 15 个,累计阻断里程超过 4 万公里的省(区、市)有 14 个,累计阻断持续时间超过 18 万小时的省(区、市)有 14 个。其中,重庆报送阻断事件最多,为 30128 起,河北报送的累计阻断里程最多,为38.31万公里,广东报送的累计阻断持续时间最长,为94.93万小时。具体情况见表2-9。

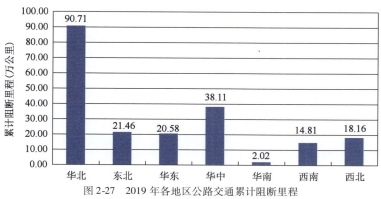

图2-27 2019年各地区公路交通累计阻断里程

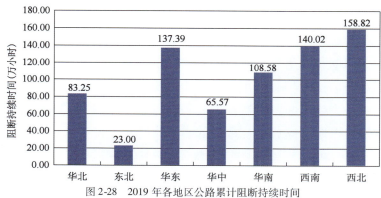

图2-28 2019年各地区公路累计阻断持续时间

2019年省域公路阻断事件总体情况 表2-9

序号	阻断事件总数超过1800起的省(区、市)	累计阻断里程超过4万公里的省(区、市)	累计阻断持续时间超过18万小时的省(区、市)
1	重庆/30128起	河北/38.31万公里	广东/94.93万小时
2	江西/10941起	山西/31.47万公里	陕西/88.88万小时
3	河北/10237起	河南/23.51万公里	重庆/65.13万小时
4	四川/9886起	黑龙江/16.19万公里	江西/59.00万小时
5	山西/8935起	天津/15.45万公里	四川/45.56万小时
6	广东/8759起	江西/9.13万公里	江苏/40.36万小时
7	湖南/8379起	重庆/8.99万公里	甘肃/39.42万小时
8	河南/5381起	新疆/8.64万公里	湖南/34.99万小时
9	天津/5096起	江苏/8.08万公里	安徽/32.23万小时
10	北京/3550起	湖南/8.00万公里	河南/27.24万小时
11	云南/2674起	湖北/6.61万公里	云南/26.46万小时
12	甘肃/2464起	陕西/5.31万公里	河北/21.83万小时
13	陕西/2266起	四川/4.58万公里	北京/18.95万小时
14	湖北/1882起	吉林/4.21万公里	新疆/18.63万小时
15	江苏/1882起	—	—

2019年,陕西、甘肃、河南、黑龙江、江西和河北的公路网阻断事件严重度❶较高,具体情况见表2-10。

2019年省域公路阻断事件严重度情况 表2-10

序号	省(区、市)	阻断事件严重度(万公里·天)	严重程度
1	陕西	296.24	非常高
2	甘肃	50.59	较高
3	河南	43.58	较高
4	黑龙江	32.13	较高
5	江西	28.82	较高
6	河北	28.40	较高
7	天津	27.46	较高
8	新疆	25.85	较高
9	湖南	20.43	较高
10	安徽	20.15	较高

天津、山西的阻断空间重复系数和覆盖率都较为突出,说明阻断空间分布广,阻断发生的频次也较高;河南、黑龙江、重庆的重复系数较高,而覆盖率较低,说明阻断空间分布集中,同一路段发生阻断的频次较高;甘肃、宁夏的重复系数较低,而覆盖率较高,说明阻断空间分布广,阻断路段重复率较低。具体情况见表2-11。

2019年阻断空间重复系数、覆盖率较高的省(区、市) 表2-11

序号	省(区、市)	总里程(公里)	累计阻断里程(公里)	阻断空间覆盖里程(公里)	重复系数	覆盖率
1	天津	3948	154465	1500	39.12	0.38
2	山西	18260	314670	6050	17.23	0.33
3	河北	27069	383094	5528	14.15	0.20
4	河南	37866	235094	5193	6.21	0.14
5	黑龙江	27892	161896	3860	5.80	0.14
6	重庆	18341	89869	1596	4.90	0.09
7	江苏	17136	80846	4738	4.72	0.28
8	北京	3996	17225	1048	4.31	0.26
9	江西	24711	91303	5466	3.69	0.22
10	吉林	15062	42150	2314	2.80	0.15
11	宁夏	6687	2833	1719	0.42	0.26
12	甘肃	30303	24480	6531	0.81	0.22

---

❶ 阻断事件严重度:区域路网中路段的阻断里程(单位:公里)与阻断时间(单位:天)乘积之和。阻断事件严重度是反映公路网阻断事件严重程度及造成损失的指标,数值越大说明严重程度和损失越高。

(三)阻断事件成因分析

2019年,因突发性原因(地质灾害、事故灾难、恶劣天气等)造成的阻断事件共78599起,占阻断事件总数的65.06%;因计划性原因(施工养护、重大社会活动等)造成的阻断事件共42209起,占阻断事件总数的34.94%。根据近五年阻断事件成因变化趋势分析,成因分布比例情况趋同。相比2018年,2019年阻断事件中地质灾害增加553起,恶劣天气增加1468起,事故灾害增加6048起,施工养护增加12145起。具体如图2-29、图2-30所示。

图2-29 2015—2019年阻断事件成因变化趋势

图2-30 2015—2019年阻断事件主要成因变化趋势

通过对2019年阻断事件成因的详细分析,由于公路施工养护引起的阻断事件占26.1%,由于车辆交通事故引起的阻断事件占17.5%,由于车流量大引起的阻断事件占15.5%,由于雾霾引起的阻断事件占9.5%,由于桥隧施工引起的阻断事件占7.1%,这五个因素引发的阻断事件之和占所有阻断事件的 75.7%。具体如图 2-31 所示。

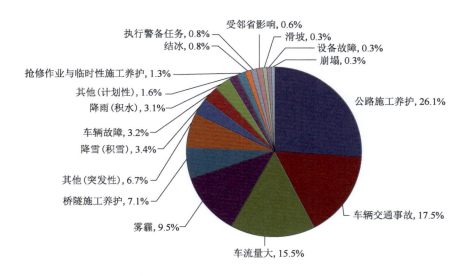

图 2-31　2019 年阻断事件主要成因分布

五、全国干线公路网技术状况分析

2019 年,国家干线公路网技术状况监测里程为 25000 公里,监测重点桥梁 40 座,监测重点隧道 10 座。

(一)路面路况检测结果及特征分析

根据 2019 年度国省干线公路网监测项目实施结果,全国共计抽检 1.36 万公里普通国道和 1.14 万公里高速公路,按照《公路技术状况评定标准》(JTG 5210—2018)进行评定,普通国道公路评定等级为良等,高速公路评定等级为优等。

1. 普通国道路面技术状况

2019 年,全国普通国道路面综合使用性能指数 PQI 为 86.82,路面损坏状况指数 PCI 为 84.74,路面行驶质量指数 RQI 为 89.94。具体情况详见附表 C-1。

根据 2019 年度普通国道技术状况检测情况看,其结果呈现以下几方面特征:东部地区普通国道路况水平显著优于中、西部,PQI 值较中、西部分别高出 2.16 和 3.77。东部普通国道路况水平评价为优等,中、西部普通国道路况水平均评价为良等,达到《"十三五"公路养护管理发展纲要》中了"东、中、西部普通国省道 PQI 分别达到 82、80、78 以上"的要求。具体如图 2-32 所示。

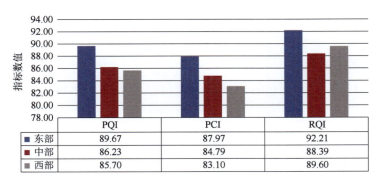

图 2-32　2019 年东、西、中部普通国道路况水平对比

2. 高速公路路面技术状况

2019 年,全国高速公路路面综合使用性能指数 PQI 为 93.55,路面损坏状况指数 PCI 为 92.31,路面行驶质量指数 RQI 平均值为 94.06;路面车辙深度指数 RDI 平均值为 95.54。具体情况详见附表 C-2。

根据 2019 年度高速公路技术状况检测情况看,其结果呈现以下几方面特征:东、中、西部高速公路路况等级均为优等,东部地区的路况好于中、西部地区,PQI 值较中、西部地区分别高出 0.57 和 1.90。具体如图 2-33 所示。

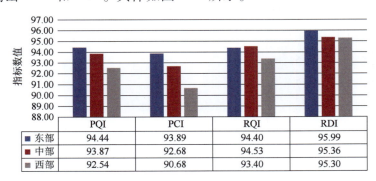

图 2-33　2019 年东、西、中部高速公路路况水平对比

(二)重点桥梁监测结果及特征分析

2019 年,交通运输部对"十三五"重点桥梁监测库中抽取的 40 座桥梁进行了技术与安全状况抽检和巡查。40 座桥梁覆盖全国 31 个省(区、市)。按结构类型分,梁式桥 27 座,拱桥 5 座,斜拉桥 7 座,悬索桥 1 座;按桥梁建设年份分,桥龄 20 年及以上的 7 座,桥龄 15~19 年的 6 座,桥龄 10~14 年的 24 座,桥龄 10 年以下的 3 座。

1. 重点监测桥梁监测结果

2019 年重点监测的 40 座桥梁,管养单位的末次定期检查评定结果为:二类桥 34

座,三类桥6座。经过本次监测确认评级,二类桥34座,三类桥6座。40座桥梁最近一次定期检查评定结果准确反映结构技术状态,评定正确。总体技术状况及运营情况良好。详细结果见附表C-3。

(1)省级交通运输主管部门管理规范化评价。省级交通运输主管部门养护管理规范化评价总体平均分为87.06。在养护工程师、例行检查、桥梁保护区管理、通行安全及危桥改造等制度方面执行情况良好。责任划分制度、年度报告制度、分类处置制度、技术档案管理制度的执行有待进一步加强。全国省级交通运输主管部门在资金保障制度、超限超载治理、四新技术应用的落实和执行上存在明显不足。

(2)养管单位管理规范化评价。桥梁管养单位养护管理规范化评价平均分为95.18分。在养护工程师、信息公开、定期培训、危桥改造制度上执行情况良好。资金保障、例行检查制度的执行有待进一步加强。监测桥梁管养部门在责任划分、分类处置制度的落实和执行上还存在明显不足,主要体现在风险管理和隐患排查方面,尚存在不能完全落实养护责任主体的职责,对主要病害的维修处置不及时,应急预案针对性不强等情况。

(3)技术状况及运营状况评价。桥梁技术状况总体平均分为81.27分。监测桥梁在风险管理和隐患排查方面存在明显薄弱,主要是风险隐患制度不健全、缺少风险辨识手册或风险辨识覆盖不全面、动态监控机制、防控措施以及后评价制度等工作不到位。

2. 重点桥梁监测特征分析

(1)主要经验及技术创新

①桥梁养护管理模式创新。采用重点桥梁一体化检测养护模式,引入专业单位开展重点桥梁一体化检测养护工作,通过地方管养单位与专业检测设计公司的合作,建立涵盖一体化养护作业(检查/检测、结构安全综合评估、日常养护)、管养体系化文件建设、维修设计与技术咨询服务等管养全业务链,实现养护市场化、专业化。

②四新技术应用不断加强。

在新设备应用方面,包括BIR-X桥梁智能检测机器人系统、能自动适应大水位变幅的拱形自浮式水上升降防撞装置等。

在新材料应用方面,包括超高性能纤维增强水泥基复合材料(UHPFRC)、BJ100高分子砂浆等材料构成的伸缩装置系统。

在新工艺应用方面,包括采用花岗岩贴板防腐工艺施工的防撞墙、推广使用聚氨酯预聚体填充桥梁伸缩装置。

在新技术应用方面,包括BAM板梁结构的快速检测系统、无支座自复位桥梁等。

（2）主要存在问题

①养护资金的管理和使用不够完善。部分省份养护资金的投入不足，部分省份高速公路养护资金的来源与使用情况未受省交通运输厅监管。

②长大桥梁安全运行管理制度落实需进一步加强。主要表现为部分省级长大桥隧目录的认定标准缺失、目录覆盖范围不全或未按照制度要求抄告相关部门等情况。

③养护工作科学决策能力整体偏弱。各管养单位的养护科学决策未能通过技术状况变化、健康监测系统积累数据开展相应的桥梁养护管理。预防性养护工作开展不力，多数桥梁仍存在被动养护的情况。

④超限超载治理形势依然严峻。总体来看，超限超载治理形势依然不容乐观，平均超限超载率尚未达到控制在0.5%（高速公路）或2%（普通国道）以下的要求。全国只有2个省份达到上述要求，另有7个省份超限超载统计数据均超过要求指标。

（三）重点隧道监测结果及特征分析

2019年，交通运输部对10个省（区、市）的10座隧道进行了技术与安全状况抽检和巡查。其中，特长隧道7座，长隧道3座；按隧道建设年份分，隧龄15年以上的1座、隧龄10～15年的9座。

1. 重点监测隧道监测结果

（1）2019年度重点监测的10座隧道管养单位的末次定期检查评定结果为：一类隧道2座，二类隧道6座，三类隧道2座。经本次监测确认，二类隧道7座，三类隧道2座，四类隧道1座。共计4座隧道技术状况与本次监测结果不一致，1座好于末次评定结果，4座差于末次评定结果。详细结果见附表C-4。

（2）省级交通运输主管部门养护规范化评价。省级交通运输主管部门养护管理规范化评价均分82.5分。在制度落实、专项处置、超限超载治理方面得到提升。对于隧道的安全运营宣传、信息化建设及基础管理与养护技术创新等方面存在不足。

（3）养管单位管理规范化评价。隧道养管单位规范化评价均分为82.01分，规范化管理与2018年83.42保持在同一水平。在制度落实、资金保障及专业化管理方面保持较好水平。在安全警示标志和交通标志、逃生通道设置、应急管理、风险防控、养护科学决策等方面存在问题。

（4）技术状况抽检复核评价。隧道技术状况及安全运营情况总评分为78.13分。总体技术状况逐步改善，部分隧道在监控与通信系统、照明系统、通风系统、消防系统、供配电系统等5个方面仍存在问题。

2. 重点监测隧道特征分析

（1）主要经验及技术创新

包括智能化隧道照明等技术创新，以及组建消防救援队伍等管理创新。

（2）主要存在问题

①隧道安全运营宣传制度不健全。部分省级监管单位存在"重桥轻隧"的现象，涉及隧道安全运行或安全和应急避险救助的宣传制度缺失严重。

②养护科学决策工作实施效果较差。各受检省份开展的养护科学决策均只停留在数据的累积上，缺少对基础养护数据的分析。养护计划普遍存在针对性不强等问题。

③应急预案及演练可行性、规范性不够。各受检省份隧道综合预案及专项预案的可行性不足，应急预案大多未进行评审及备案，导致应急预案缺乏法律效应。

（四）公路交通安全设施分析评估

2019 年对北京、内蒙古、山西、四川和云南 5 个省（区、市）2500 公里普通国道前方图像及公路线形数据进行设施分析评估工作。结果显示，安全设施设置基本符合现行标准规范和有关技术要求，路侧防护率左侧为 96.96%、右侧为 99.51%，标志完好率为 92.75%，中心标线完好率为 80.93%，沿线设施完好率为 96.05%，沿线设施技术状况（TCI）为 93.07。详细结果见附表 C-5。

从 2016 年以来，评估路段公路风险均值总体趋于降低。存在的主要问题：一是路侧被动防护设施设置相对完善，但路侧防护端头、护栏过渡处置等细节需要完善。二是标志、标线和护栏等安全设施的养护仍需不断重视和加强。2019 年受检路段护栏破损、中心标线破损情况较 2018 年有所上升。

（五）ETC 车道的运行状况监测

探索性开展了 29 个省份 58 条 ETC 车道的运行状况监测，结果显示：ETC 车道平均交易时间为 306ms，监测的 RSU 载波频率满足工作信道要求，一次通过率为 99.01%。详细结果见附表 C-6。

ETC 车道运行监测指标平均交易时间普遍偏长，其中最长交易时间为 613ms，超出标准上限（270ms）1 倍多，对 ETC 车道稳定运行造成较大影响。

第三章 公路网运行管理与服务系统建设情况

一、公路网运行监测与应急设施及系统建设情况

(一) 公路网交通量监测设施建设情况

公路网交通量监测设施主要有车辆检测器和交通量调查设备两类。2019年,全国高速公路交通量监测设施总规模约2.1万套,平均布设密度约10公里/套;普通国省干线公路交通量监测设施总规模1.1万余套。部分地区交通量监测设施情况如图3-1所示。

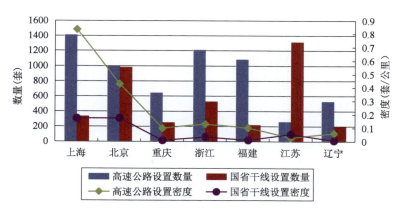

图3-1 2019年部分地区交通量监测设施布设数量和布设密度情况

交通量监测设施各省(区、市)规模程度差异化较大,北京、上海、浙江、福建等省份公路交通量监测设施布设情况较好。高速公路中,北京、上海的平均布设密度最高,接近1公里/套;浙江、福建、重庆、贵州、甘肃、新疆约为5~10公里/套;天津、河北、辽宁、吉林、安徽、河南、湖南、四川、云南、陕西为10~20公里/套,其余省(区、市)均为20公里/套以上。普通国省干线公路中,北京、上海的平均布设密度最高,为5公里/套;天

津、江苏约为20公里/套;浙江约为30公里/套,河北为50公里/套,其余省(区、市)在50公里/套以上。

近年来,各省(区、市)对交通量参数监测设施建设重视程度不断段加强。2019年,河北增加136套,内蒙古增加124套,浙江增加313套,重庆增加169套,四川增加117套,贵州增加804套。部分地区近五年高速公路交通量监测设施布设情况如图3-2所示。

图3-2　2015—2019年部分地区高速公路交通量监测设施布设情况

(二)公路网视频监测设施及系统建设情况

1. 全国公路网视频监测设施建设情况

2019年,全国视频监测设施(含路段互通、收费站、桥隧、服务区)已基本覆盖长大桥隧、大型互通、服务区、收费站广场、服务区以及超限超载检测站等重要监控点,总规模达到23.7万套。其中,高速公路22.33万套,平均布设密度达3公里/套;普通公路1.4万套,平均布设密度为80公里/套。

此外,视频监测设施数字化、高清化(720P以上)比例逐年提高,高速公路平均占比已达60%以上,北京、天津、江苏、浙江、安徽、湖南、广东占比高达80%以上。

当前,视频监测设施区域分布密度差异较大,例如:高速公路中,北京(1555套)、天津(2814套)、河北(10624套)、上海(958套)、江苏(5868套)、山东(6700套)已实现全程视频监控;浙江(3661套)、安徽(3493套)、河南(5150套)、湖南(3834套)、云南(3226套)、陕西(2823套)布设密度接近3公里/套。普通国省干线中,上海(300套)、江苏(2380套)布设密度约10公里/套,浙江(981套)、福建(1093套)布设密度约为20公里/套,广东(720套)、山东(500套)、山西(307套)布设密度为80公里/套,其余省(区、市)布设密度均在80公里/套以上。部分地区路段(互通)视频监测设施布设情况如图 3-3 所示。

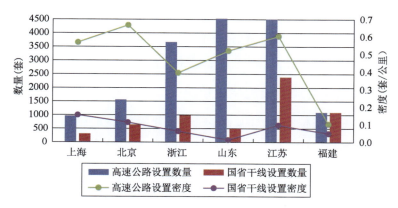

图 3-3　部分地区视频监测设施布设情况

与 2018 年相比,部分省(区、市)高速公路沿线视频监测设施布设数量有所增加。其中,河北增加 3306 套,湖南增加 1952 套,河南增加 1860 套,江苏增加 1813 套,山东增加 1425 套,内蒙古增加 1050 套,贵州增加 507 套,上海增加 136 套,北京增加 8 套,相应布设密度也有所提高。部分地区近五年高速公路视频监测设施布设情况如图 3-4 所示。

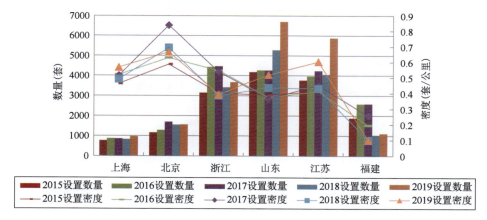

图 3-4　2015—2019 年部分地区高速公路视频监测设施布设情况

2. 全国公路网视频监测系统建设情况

2019 年,全国各省(区、市)均已建成省级公路网视频监测系统。其中,北京、上海、江苏、浙江、江西、广西、四川、贵州、陕西、甘肃、青海、宁夏、新疆 13 省(区、市)完成了高速公路及普通国省干线公路视频资源汇聚,其中江苏建成省级云平台并实现了汇聚视频的实时上云。大部分省份已完成高速公路视频资源汇聚,但尚未实现普通公路视频省级汇集。各省(区、市)均已启动视频云平台建设工作,平台建成后,将实现视频的汇聚并具备智慧化分析功能。

3. 全国公路网移动监测设备配置情况

移动监测设施在一定程度上扩大了监测的覆盖范围,弥补固定监测设施不足。移动监测设施主要包括无人机、应急通信车、移动巡查车等。2019 年,全国公路网已有无人机 644 架,应急通信车 36 台,移动巡查车 7736 台。具体详见附录 D。

(三)公路网气象环境监测设施建设情况

公路交通气象观测站根据观测项目的不同,分为单要素(如能见度、路面、气象环境)和多要素(观测两项以上)自动气象观测站两类。2019 年,全国各类公路气象监测设施总规模为 3800 余套,其中高速公路气象监测设施总规模约 3500 余套,普通公路气象监测设施总规模 320 余套。与 2018 年相比,部分省(区、市)高速公路沿线气象监测设施数量有所增加。其中,北京增加 11 套,浙江增加 59 套,江西增加 105 套,湖北增加 93 套,广东增加 164 套,四川增加 77 套。部分地区近五年高速公路气象环境监测设施布设情况如图 3-5 所示。

图 3-5 2015—2019 年部分地区高速公路气象监测设施布设情况

从公路气象环境监测设施密度情况看,安徽省高速公路气象设施密度较高,达 10 公里/套,江苏、湖南布设密度为 30 公里/套,北京、上海、浙江布设密度为 50 公里/套,天津、河北、吉林、江西、湖北、广东、重庆、四川、贵州、云南为 50~100 公里/套,其余省(区、市)布设密度均在 100 公里/套以上。

(四)公路应急物资储备及装备建设情况

截至 2019 年底,国家级区域性公路交通应急物资储备中心建设稳步推进,河南、黑龙江、浙江、西藏、新疆等省份已完成主体工程建设,装备物资等已入库并投入使用;吉林、广东、四川、云南、贵州、甘肃等省份已完成主体工程施工,并已开展装备物资招标等相关工作。国家级区域性公路应急装备物资储备中心建设情况如表 3-1 所示。

国家级区域性公路应急装备物资储备中心建设情况   表 3-1

序号	省 份	选址位置	前 期	在 建	建 成
1	河北	灵寿	▲		
2	吉林	长春		▲	
3	黑龙江	北安			▲
4	浙江	杭州			▲
5	山东	临沂	▲		
6	河南	郑州			▲
7	湖南	娄底	▲		
8	广东	清远		▲	
9	四川	眉山		▲	
10	贵州	黔南		▲	
11	云南	昆明		▲	
12	西藏	拉萨、昌都			▲
13	陕西	榆林	▲		
14	甘肃	兰州		▲（验收阶段）	
15	青海	倒淌河	▲		
16	新疆	昌吉、阿克苏、喀什			▲

截至2019年底，各省（区、市）逐步完善省、市、县三级应急物资储备体系。各地根据辖区公路突发事件特点，储备了必要的防汛、清障、机械化桥等公路抢修抢通装备，以及融雪剂、防滑料、沙袋等应急物资，配备了无人机、应急通信车、模块化桥、吹雪车等高科技应急装备，公路交通突发事件应急装备水平进一步提升。

全国公路网运行监测设施布设数量详见附录D。

（五）桥梁、隧道安全健康监测设施建设情况

据不完全统计，全国公路网已建成各类跨海、跨江（河）的特大型桥梁健康监测设施629套，建成各类隧道健康监测系统1058套。2019年新增的桥梁结构健康监测系统设施主要包括：广东增加119套，云南增加33套，河北增加41套，山西增加5套，辽宁增加7套，江苏增加14套，湖北增加10套，重庆增加9套，四川增加9套。全国各省（区、市）桥梁安全健康监测设施现状详见附录E。

二、公路网出行服务设施及系统建设情况

（一）全国公路可变信息标志建设情况

2019年，公路可变信息标志的广泛建设，为做好人民群众交通、一站式"一张网服务"，提供了坚实的基础保障。截至2019年底，全国高速公路建设可变信息标志29135块，普通国省干线建设可变信息标志1273块，各省份公路可变信息标志数量见附录D。

（二）全国交通广播合作建设情况

截至2019年底，由交通运输部和中央人民广播电台联合打造的中国交通广播出行服务范围有序扩大，已完成了北京、天津 FM99.6，河北 FM101.2，湖南 FM90.5，湖北 FM94.8 五大区域的组网覆盖和呼和浩特、哈尔滨、上海、西安、兰州、银川、乌鲁木齐等7个城市的覆盖，现在通过电波可以服务超过全国三分之一省份的公众出行。

此外，全国地方交通广播建设稳步持续推进，各省（区、市）公路管理部门积极与广播媒体开展合作。截至2019年底，各省（区、市）交通运输部门与当地交通广播媒体开展合作共计132项。其中，吉林、安徽、广西、陕西、甘肃、宁夏等省（区、市）深入开展交通与媒体融合，拓展省、市两级交通广播合作项目数25项。

（三）全国公路出行服务"两微一端"平台建设情况

1. 中国路网"两微一端"平台建设情况

2019年，"中国路网"的"两微一端"平台服务公众出行效果快速提升。截至2019年底，"中国路网"官方微博及微信公众号通过互联网传播，累计覆盖用户数突破1个亿，一年来累计发布图文影音各类信息3万余条。2019年，部路网中心联合河北交通投资集团打造的"尚高速"客户端，现支持河北、辽宁、江苏、河南、山东、陕西共6省份高速公路信息的动态实时查询，河北、江苏、山东、广东等16省市的静态高速公路基本信息展示以及全国高速公路阻断信息展示。

> 2019年，部路网中心受部政策研究室委托，积极做好部新闻办官方微博"我家门口那条路"中"路况信息""公路气象"板块的信息发布以及各省展示周新媒体直播工作，宣传推广"四好农村路"建设成果和经验。直播起步初期，直播活动观看量累计300余万，在人民日报颁布的政务类、交通类官方微博排行榜中名列前茅。

2019年，"中国路网"出行服务平台在重要突发事件、重大活动、重要节假日期间，

通过"央视新闻+"等直播平台与省份联动及时、全面、准确发布路网出行服务信息。截至 2019 年底,累计发布"全国路况播报"等视频节目 236 条,直接在线观看人次约 2 亿。

> 2019 年春运期间,部路网中心联合 18 省份路网运行管理部门,通过"中国路网直播间"在央视新闻移动网、百度百家号、今日头条、一直播等平台,及时发布重要省际通道、易拥堵路段路况信息、恶劣天气影响情况、热点服务区服务情况,网络平台观看人数达到 387 万,位列当日央视移动新闻网直播观看人数首位。

此外,"中国路网"出行服务平台聚焦"取消省界收费站"年度民生大事,做好专题宣传工作。通过"中国 ETC"服务小程序、"中国路网"融媒体矩阵、"尚高速"客户端等平台,全力做好 ETC 发行宣传工作,实现了线上免费办理与线下快捷安装的有机衔接。制作专题片《撤站进行时》,重点策划《撤站直播间》专题栏目,邀请辽宁、黑龙江、河南、湖北、重庆、新疆等典型省份做客"中国路网直播间",介绍工程进展、ETC 通行便捷性,多期节目通过央视、央广、一直播等新媒体平台播出。

2. 各地"两微一端"平台建设情况

2015—2019 年公路出行信息服务"两微一端"数量变化情况如图 3-6 所示。

图 3-6　2015—2019 年"两微一端"公路出行信息服务数量历年变化情况

截至 2019 年底,全国各省(区、市)共开通具有公路出行信息服务功能的微博 74 个,开通具有公路出行信息服务功能(含 ETC 业务)的微信公众号 142 个,开通公路出行服务的移动客户端 50 个。具体如表 3-2 所示。

2019 年公路出行服务"两微一端"平台建设情况　　　　表 3-2

省　份	微　博	微信公众号	移动客户端
北京	3	7	4
天津	5	5	2
河北	1	2	1

续上表

省 份	微 博	微信公众号	移动客户端
山西	1	6	1
内蒙古	2	5	1
辽宁	2	2	1
吉林	4	5	1
黑龙江	0	4	1
上海	3	5	2
江苏	2	7	3
浙江	4	5	2
安徽	6	6	3
福建	1	5	3
江西	5	5	3
山东	7	11	5
河南	3	7	1
湖北	2	2	1
湖南	1	4	1
广东	1	11	4
广西	3	3	0
海南	0	1	0
重庆	3	4	1
四川	2	4	1
贵州	1	4	1
云南	2	5	2
西藏	0	1	0
陕西	2	5	2
甘肃	3	3	1
青海	2	4	1
宁夏	2	2	1
新疆	1	2	0
合计	74	142	50

三、全国 ETC 联网收费服务设施及系统建设情况

(一) 全国 ETC 联网收费服务设施建设情况

截至 2019 年底,全国联网运营的 29 个省(区、市)共有收费站 9224 个,同比 2018 年减少 1.1%(因取消省界站);ETC 专用车道 27546 条,约占车道总量的 33.79%;2019 年度新增 ETC 专用车道 7872 条,同比 2018 年增长 40.01%;全网范围内主线收费站 ETC 车道覆盖率为 99.32%,匝道收费站 ETC 车道覆盖率为 98.45%;建成 ETC 自营服务网点 2742 个,ETC 合作代理网点 82784 个,各类 ETC 服务终端 53522 个。具体如图 3-7、图 3-8 所示。

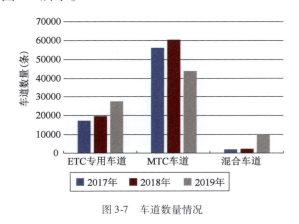

图 3-7　车道数量情况　　　　　　　图 3-8　ETC 专用车道占比情况

(二) 全国 ETC 联网系统建设概况

截至 2019 年底,全国 ETC 用户 20388.31 万,约占汽车保有量的 78.4%,同比 2018 年提高 166.3%。2019 年度累计新增用户量约 12732.58 万,超额完成年度发展目标任务。近三年 ETC 用户总量增长情况如图 3-9 所示。

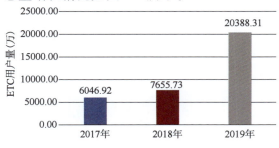

图 3-9　2017—2019 年 ETC 用户总量增长情况

ETC 的持续发展有效缓解收费站拥堵。经测算,2019 年全国 ETC 联网运行节约车辆通行时间约 2756.7 万小时,节约车辆燃油约 18.2 万吨,减少污染物排放超过 5.6 万吨。近三年 ETC 社会效益情况如图 3-10 所示。

		2017年	2018年	2019年	较2018年
	节约时间(万小时)	1692.568	2002.541	2756.660	37.7%
	节约车辆燃油(万吨)	11.189	13.239	18.224	37.7%
	减少污染物排放(万吨)	3.443	4.074	5.608	37.7%

图 3-10　2017—2019 年 ETC 社会效益情况

第四章 公路网运行管理与服务保障工作开展

一、公路网运行管理体制机制与制度建设情况

(一)全国公路网运行管理体制建设情况

截至 2019 年底,全国共有北京、内蒙古、黑龙江、上海、江苏、浙江、安徽、江西、山东、河南、重庆、四川、贵州、云南、西藏、甘肃、青海、宁夏、新疆等 19 个省(区、市)正式建立了省级路网中心,负责统筹省域辖区范围高速公路与普通公路路网运行监测、应急处置与出行服务等工作。

全国有 22 个省(区、市)设立了省级高速公路路网分中心(或监控/收费结算中心)。其中,天津、山西、内蒙古、吉林、山东、河南、湖北、广西、四川、陕西、甘肃等 11 个省(区、市)在省级高速公路管理机构下设立;北京、河北、辽宁、江苏、安徽、福建、江西、湖南、广东、重庆、贵州等 11 个省(市)在高速公路集团(投资控股)公司下设立。

此外,辽宁、吉林、安徽、福建、江西、青海等 6 个省份在普通公路管理机构下设立了省级普通国省干线路网分中心。具体详见表4-1。

2019 年度全国路网运行管理机构情况汇总表　　　　表4-1

序号	省份	省级路网中心	省级高速公路路网分中心	省级普通国省干线路网分中心
1	北京	道路路网管理与应急处置中心	北京首都公路发展集团有限公司监控中心	—
2	天津	—	高速公路路网信息服务中心	—
3	河北	—	高速公路指挥调度中心	—
4	山西	—	高速公路信息监控中心	

续上表

序号	省份	省级路网中心	省级高速公路路网分中心	省级普通国省干线路网分中心
5	内蒙古	路网监测与应急处置中心（自治区公路局加挂）	高速公路联网收费结算管理服务中心（自治区路政执法监察总队加挂）	—
6	辽宁	—	辽宁高速公路运营管理有限责任公司监控中心	厅公路管理局路网安全中心
7	吉林	—	高速公路指挥调度中心	路网运行管理中心（省公路局养护管理科加挂）
8	黑龙江	公路路网监测中心	—	—
9	上海	交通指挥中心	—	—
10	江苏	公路网管理与应急指挥中心	江苏交通控股有限公司监控中心	—
11	浙江	公路与运输管理中心		
12	安徽	交通运输联网指挥中心（交通运输综合执法监督局加挂）	安徽交通控股集团有限公司监控中心	省公路管理服务中心
13	福建	—	福建省高速公路集团有限公司监控中心	公路事业发展中心路网监测与应急处置中心
14	江西	交通运输厅应急指挥中心（高速公路联网管理中心加挂）	江西高速公路投资集团有限公司监控中心	省公路管理局信息数据中心
15	山东	交通运输监测与应急处置中心	数据应用和收费结算中心	—
16	河南	—	高速公路联网管理中心	
17	湖北	—	高速公路联网收费中心	
18	湖南		湖南高速公路集团有限公司路网运行监测指挥中心	
19	广东		广东交通集团有限公司高速公路监控中心	
20	广西	—	自治区高速公路发展中心	
21	重庆	交通运行监测与应急调度中心	重庆高速公路集团有限公司监控中心	—
22	海南	—		
23	四川	路网监测与应急处置中心	高速公路联网结算管理中心	
24	贵州	交通信息与应急指挥中心	贵州高速公路集团有限公司路网中心	

续上表

序号	省份	省级路网中心	省级高速公路路网分中心	省级普通国省干线路网分中心
25	云南	路网监测与应急指挥中心	—	—
26	西藏	路网监测与应急处置中心	—	—
27	陕西	—	高速公路联网收费管理中心	—
28	甘肃	交通运行(路网)监测与应急处置中心	高速公路交通调度指挥中心	—
29	青海	路网运行监测与应急处置中心	—	省公路局公路养护应急保障中心
30	宁夏	路网监测与应急处置中心(交通信息监控中心加挂)	—	—
31	新疆	路网监测与应急处置中心	—	—

(二)公路网运行管理制度与标准建设情况

2019年,公路网运行管理标准化工作进一步加强,部路网中心会同相关单位,推进《公路网运行监测技术规范》《公路出行信息服务技术规范》《公路交通应急处置技术规范》等行业标准的编制工作。同时,为拓展路网运行监测、出行服务、ETC等技术标准化工作,部路网中心开展了《公路无人机系统飞行平台适用性标准》《公路无人机系统通用作业技术标准》《高速公路故障车辆救援服务指南》《智慧服务区运营规范》《鲜活农产品运输车辆联网诚信标准》等标准的编制工作,完成了《公路视频云联网技术与管理技术规程》《公路可变情报板信息发布联网技术标准》《交通信息采集 激光车辆检测器》《标准化ETC专用车道总体技术方案》《标准化ETC专用车道测试验收规程》《标准化ETC专用车道运营服务与系统维护指南》等标准、规程和指南的编制工作,有效促进了路网运行管理工作的标准化、规范化。

2019年,各省(区、市)交通运输主管部门高度重视路网运行管理制度建设,编制出台了一系列制度规范,促进了地方路网运行管理事业的规范化发展,实现了对公路路况信息采集、报送、发布等工作的规范管理,强化了考核机制和路警联动机制建设,为服务公众安全便捷出行提供了制度保障。例如:江苏修订了《江苏省公路网运行管理办法》,浙江编制了《浙江省公路网运行监测工作方案》,四川编制了《公路交通阻断信息报送工作实施细则》《四川省公路交通出行信息服务工作管理办法》,贵州出台了《贵州省高速公路交通运输应急处置标准规范与案例汇编》。

二、公路交通应急处置与保障工作开展情况

（一）公路交通应急预案管理与保障建设情况

2019年，各级交通运输管理部门积极修订完善公路应急预案，公路交通突发事件应急预案体系不断完善，逐步形成了包含国家公路交通突发事件应急预案、省级公路交通突发事件应急预案、交通运输企事业单位应急预案和应急操作手册四种类型的公路交通突发事件应急预案体系。

2019年，基层公路应急保障能力不断提升。高速公路、普通国省干线公路依托路政、养护、应急保畅人员组建了专兼结合的应急救援队伍，公路应急抢通力量逐渐专业化和正规化。截至2019年底，部分省份公路应急救援队伍建设情况如表4-2所示。

省级应急救援队伍建设情况表　　　　　　　表4-2

序号	省 份	高速公路应急队伍	国省干线应急队伍
1	天津	24支	14支
2	辽宁	16支	150支
3	吉林	409支	12支
4	江苏	76支	13支
5	浙江	142支	93支
6	安徽	175支	87支
7	河南	159支	—
8	广西	98支	94支
9	四川	3000人	249支
10	重庆	70支	—
11	云南	18支	480人
12	福建	2318人	3264人
13	湖北	228支	96支
14	宁夏	921人	20支
15	新疆	298支	

（二）公路交通应急演练工作开展情况

1. 2019年度国家公路交通军地联合应急演练情况

2019年11月22日，由交通运输部、河南省人民政府、武警某部联合主办的2019年度全国公路交通军地联合应急演练在河南省巩义市举行。本次演练首次采用比武竞技和实战演练的形式，6支代表队围绕灾情侦察、隧道内火灾事故处置、塌方体清理、圆管

涵铺设、装配式钢桥架设 5 个预设科目同步开展模拟抢险,如图 4-1、图 4-2 所示。参赛队伍竞技运用了移动应急指挥平台,隧道综合管控信息集成,以及 5GVR 现场图传等多种信息技术和传输手段,大大提高了应急效率,展示了我国公路交通应急能力建设最新成果。

图 4-1　演练场地

图 4-2　演练队伍集结

本次演练在形式、内容、技术应用上做了积极有益的探索和尝试,圆满达到了"检验预案、磨合机制、锻炼队伍、交流技术、提升能力"的预定目标,充分展示了公路交通运输部门和武警部队公路应急抢险救援能力,对进一步提升我国公路交通综合应急处置水平具有重要作用。

2. 地方公路交通应急演练工作开展情况

2019 年,各级公路管理部门按照《公路交通突发事件应急预案》要求,开展各类公路应急演练 1500 余场,重点探索了模块化桥、无人机航拍、救援机器人等新型应急装备在应急处置工作的磨合应用。2019 年部分省份应急演练工作开展情况如表 4-3 所示。

2019 年部分省份应急演练开展情况表　　　　表 4-3

序号	省　　份	高速公路演练次数	普通公路演练次数
1	山西	—	60
2	辽宁	27	1
3	吉林	20	1
4	安徽	56	—
5	河南	—	158
6	江西	104	—
7	广西	84	102
8	贵州	60	—

续上表

序号	省　份	高速公路演练次数	普通公路演练次数
9	四川	460	1
10	湖北	—	60
11	湖南	13	—
12	重庆	56	
13	宁夏	13	—
14	甘肃	150	
15	海南	19	

（三）重大公路交通突发事件应急处置情况

1. 2019年汶川"8·20"特大泥石流灾害应急处置

2019年8月20日，受强降雨影响，四川省阿坝州境内多处公路断道。其中，映汶高速公路K93+300至K93+650簇头沟路桥段、K97+610登基沟大桥段、K102+310板子沟大桥段3处桥梁中断和汶马高速公路汶川县克枯乡境内下庄钢桁梁特大桥左幅24号墩柱破损移位；G213线映秀至汶川段汶川县银杏乡境内太平中桥、汶川县绵虒镇登基沟中桥和高店子大桥全毁，G350线耿达至卧龙段洪水淹没公路730米。

灾情发生后，交通运输部及时派出现场工作组，赴四川阿坝州汶川、理县等地，完成泥石流灾害应急处置现场指导与协调工作，参与开展灾损调查评估。现场工作组在降雨仍在持续、泥石流等灾害尚未平息的情况下，对灾毁路段进行了逐一踏勘，分析灾害的类型、成因和规律，紧急协调联系了华舟重工等应急桥梁生产企业优化钢桥架设方案并做好相关备品备件的保障。

四川省启动Ⅲ应急响应后，迅速派出现场工作组和技术保障组，与部工作组现场研究抢通保通工作方案；开设应急抢险专用通道，制定近端和远端绕行路线方案，会同公安交警对受损路段实施交通管制，并对社会车辆进行远端分流。

2. 四川长宁6.0地震应急处置

2019年6月17日22时55分，四川省宜宾市长宁县（北纬28.34度，东经104.9度）发生6.0级地震，震源深度16公里。受地震影响，S80古宜高速公路熨斗池中桥桥台受损，S443龙头至芙蓉山公路K10+320至K10+520硐底大桥段和K11+650至K11+950红旗村飞仙洞段公路受损。

灾害发生后，交通运输部贯彻落实李克强总理等领导同志批示指示精神，就抢险救援工作作出部署：一是进一步核实灾情；二是科学合理开展抢险救援，以救人为要，全力做好保通保运保安全工作;三是加强危险路段监测,排查桥涵隧等关键环节,及时排除隐患;四是掌握气象、地震等信息,保障绕行信息及时有效发布;五是拨付抢险救援资金、组建专家组,组织周边省份救援力量待命;六是针对地震灾情与汛期叠加的形势,集中力量、合理分工,做好安全生产、防洪防汛等工作。

四川省交通运输厅启动交通运输Ⅱ级应急响应,并派出应急工作组现场指导抗震抢通工作;迅速安排高速公路执法人员和运营单位上路排查,摸清通往灾区的主通道路况,并迅速组织有关高速公路开辟救灾专用通道,对受损较重的宜叙高速公路实施管制通行,保障应急通行畅通;公路养护部门迅速开展公路抢通和桥梁加固工作,制定绕行公路路线,与公安交警部门分流社会车辆维护应急通行秩序。

三、全国收费公路联网收费及"营改增"工作开展情况

(一)全国收费公路联网收费情况

1. 全国联网系统情况

2019年,全国联网的29个省(区、市)总交易量达到116.6亿笔、总交易额5628.8亿元;其中,非现金交易量达到57.5亿笔、交易额3175.8亿元。全年累计完成ETC通行交易清分结算约11.5亿笔,结算金额1442.8亿元,清分结算实时率100%、准确率100%。

2. 非现金交易情况

2019年,收费公路全网非现金通行量约57.5亿辆次,同比2018年增长15.8亿辆次,增幅37.8%,非现金支付使用率达49.3%。其中,客车非现金通行量约48.2亿辆次,货车非现金通行量约9.3亿辆次。非现金支付使用率超过50%的省份分别为江苏、北京、重庆、甘肃、浙江、福建、贵州、辽宁、河南、陕西。非现金交易量及使用率情况如图4-3、图4-4所示。

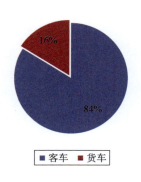

图4-3 客车与货车非现金交易量占比

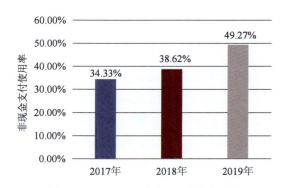

图4-4 2017—2019年非现金支付使用率

3. 跨省非现金通行情况

2019年,跨省非现金通行量约11.5亿辆次,同比2018年增长3.92亿辆次,增幅51.7%;约占非现金通行量的20%,约占全网通行量的9.9%。

(二)全国收费公路通行费"营改增"工作情况

2018年1月1日,全国收费公路通行费电子发票服务平台系统(以下简称"发票服务平台")正式上线,实现收费公路通行费增值税电子发票的统一开具。截至2019年12月31日,发票服务平台已为951.94万用户提供开票服务,促进了物流行业的降本增效。

1. 用户量与绑卡情况

2019年,发票服务平台累计注册用户667.14万,累计绑卡689.16万张。其中,单位卡绑卡148.18万张,占绑卡总量的21.50%;个人卡绑卡540.98万张,占绑卡总量的78.50%。已绑卡总量占ETC总发卡量的5.41%。已绑定卡片中,客车卡占比83.62%,货车卡占比11.53%。客车和货车的绑卡量之比为1∶0.14。全国年平均日绑卡情况分布不均匀,华东地区年平均日绑卡量最大(7054张/日,占全国的37.36%)。具体如图4-5所示。

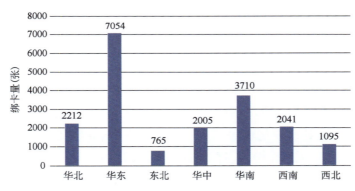

图4-5 2019年各区域日平均绑卡量分布图

2. 开票情况

2019年,累计开票约4.91亿张、开票金额1223.45亿元。其中,客车开票量占43.05%,客车和货车的开票量之比为1∶1.30。征税消费发票约4.14亿张、开票金额822.84亿元,可抵扣税额约24.23亿元;不征税消费发票约5431.37万张、开票金额342.69亿元;充值发票约670.07万张、开票金额145.75亿元。2019年(含国家法定节假日和周末)日平均开票量为134.43万张/日,如图4-6所示。

(三)撤销省界收费站运行情况

2019年3月,《政府工作报告》中提出"两年内基本取消全国高速公路省界收费站",实现不停车快捷收费,减少拥堵,便利群众。4月,出台《国务院办公厅关于印发深化收费公路制度改革取消高速公路省界收费站实施方案的通知》,要求年内基本取消全国高速公路省界收费站。

图4-6　2019年全国按月的日平均开票量趋势图

截至2019年12月31日,完成18个部级系统开发建设,48211条ETC车道、24588套门架、11401条入口称重车道建设,取消了487个省界收费站,新增ETC用户1.23亿,如期完成了撤站攻坚任务。

取消高速公路省界收费站恢复收费后,全国高速公路联网收费系统运行总体稳定有序,路网运行顺畅,用户反映总体良好。撤站之后,省界拥堵现象全面有效缓解,正常情况下客车平均2秒、货车3秒通行省界,京藏高速公路、京沪高速公路等大流量高速公路的省界拥堵情况彻底消除,省界通行效率提升显著。收费站通行速度明显提高,ETC使用率不断提升,小客车使用ETC较MTC每次可节约时间31秒,货运车辆每次可节约110秒。高速公路网整体通行效率有所提升。高速公路网拥堵里程占比同比下降10.1%,全国高速路网日均拥堵缓行500米以上收费站数量同比撤站前下降49.8%,拥堵缓行1000米以上路段同比撤站前下降14.5%,因取消省界收费站带来的路网运行效率提升效果逐步显现。通行费发票开具优化,根据用户需要开具汇总单,实现"多次行程,一个账单",进一步方便用户发票的开具和使用。国际标准集装箱运输等优惠车辆的互联网预约系统,将原有的优惠现场查验变为互联网线上核验,让国际标准集装箱运输车辆跨省运输、进出收费站既不停车、不查验,又享受不同省份优惠政策,便利了标准化货运,促进了运输结构调整升级。

四、公路网出行服务及质量评价工作开展情况

（一）公路客户服务体系建设情况

2019年，全国高速公路客户服务体系建设项目开始启动，目标是以人为本、以用户为单元，统筹全网线上线下服务资源，打造全网运营客户服务机制，初步建立全网出行客户服务平台。为此，部路网中心已筹备进行各省客户管理与服务现状调研，针对省级高速公路出行服务单位及高速公路出行用户分别设计调研问卷，拟重点围绕用户出行选择偏好、信息服务需求与运营单位运营信息、体系架构等方面，对高速公路客户服务体系的建设进行研究。

（二）公路出行服务质量评价情况

1. 公路服务设施服务质量评价

2019年，为贯彻落实习近平总书记关于"厕所革命"的重要指示批示精神，深入了解交通运输领域相关工作情况，交通运输部运输服务司会同部公路局，组织包含部路网中心在内的多家部署单位成立调研小组赴各省进行专项调研。各省份"厕所革命"有关工作启动以来，陆续建成服务区示范点，完善服务区人性化功能设施，形成了成熟、规范、系统的服务区运营工作模式。通过公路服务区暗访调研、相关部门座谈交流，总结成效、提炼经验、查找不足、补齐短板，促进了公路服务区服务水平提升，更好地满足了人民群众便捷、舒适的美好出行需求。

2. 公路出行信息服务质量评价

2019年，部路网中心通过前两年质量监督评价工作的积累与实践，有序完成指标研究、函调上报、确认参与、市场调研、组织评价等环节工作，通过两轮公开函询，召开两次专家专题评审会，对评价指标进行修订，最终确定本次评价的4级319个评价参数。此外，积极开展出行服务用户满意度大数据市场调研及"两微一端"产品活跃度调查，利用数据监测等体系化方式，从内容、形式、品牌、用户使用效果、平台活跃度、团队建设等6个方面综合评估，评价单位121家，形成公路交通微博、微信公众号、手机客户端、新媒体直播4个质量评价榜单。

总体来看，2019年出行信息服务质量评价工作的评价组织更加合理高效，评价效果更加科学、专业、严谨，按照"先设计、再征询、三修改、后评价"的步骤优化实施流程，指标参数更加细化、更加全面、客观、公平、公正地反映全行业出行信息服务现状，工作开展更加规范、更加系统、更趋成熟。通过质量评价，各省重视程度持续提高，上报样本量

大幅增多,排名相邻单位得分更加接近,整体平均分呈现小幅提升。此外,群众满意度稳步提高,用户体验不断优化,服务质量、服务种类、服务形式、服务效果有效进步。

> 为进一步提升服务质量和服务水平,打造干净整洁、温馨舒适的服务环境,积极响应全面深化"厕所革命"要求,江苏灌云服务区严格执行国家标准及相关细则,一直努力推动"厕所革命",在硬件投入、软服务完善等方面不遗余力,致力于为游客打造舒适的如厕环境。从厕所的设施配备、残疾人厕位、无障碍设施等方面对区内卫生间环境品质进行了全面改造和升级,认真对待每一个细节,竭尽所能地优化广大驾乘人员的如厕体验,真正实现"数量充足、干净无味、管理有效、实用免费"的旅游厕所建设目标。

(三)公路出行服务产业联盟及社会化协作建设

1. 中国公路出行信息服务联盟情况

2019 年,"出行头条"改版升级实现部省出行信息互联互通,合计触达用户群体超 8900 万。目前,部省共建的融媒体矩阵累计覆盖突破 1 亿人,提高了公路出行信息传播效率,服务引导效果显著提升。

2. 社会化出行信息服务协作情况

2019 年,部级层面及各省公路交通管理部门积极开展社会化合作,密切与主流媒体互动,实时开展服务信息交互,及时向高德、阿里、百度、滴滴、美团、千方等社会化出行服务平台推送准确、全面、丰富、个性化的路网动态信息,显著提高了行业基础公共服务水平。

附录A 6条主要通道运行状况评价结果汇总表

序号	通道名称		技术状况		阻断情况		拥挤情况			通道运行指数
			PQI	技术状况空间分布	阻断程度	阻断事件特征	拥挤度	交通量空间分布特征	拥挤度空间分布特征	
1	京哈通道	高速公路	93.44 优等	全路段均处于优等水平	累计阻断时间 1186.68d 累计阻断里程 42541.01km 阻断严重度 22300km·d	京哈通道全年共上报阻断事件1093起,其中突发性阻断事件905起,计划性阻断事件188起。河北省境内路段阻断程度件数量最多,阻断程度最高	0.75 轻度拥堵	京哈通道中的高速公路（G1）北京段、天津段,河北段和辽宁段交通量较大,其中河北段达到91415pcu/日,同比有所增长。黑龙江段最小,为19948pcu/日,同比略有增长。	京哈通道高速公路（G1）中,河北段严重拥堵,天津段和辽宁段轻微拥堵,其余路段均基本畅通。与去年相比,河北段拥堵情况有所加剧,其余路段基本持平。	3.09
		普通公路	86.99 良等	京津段处于优等水平,其余路段处于良等水平	累计阻断时间 46.47d 累计阻断里程 330.13km 阻断严重度 2200km·d		0.78 轻度拥堵	平行的普通公路G102北京段、天津段交通量较大,超过30000pcu/日;东北地区交通量较小,其中黑龙江交通量最小,为6934pcu/日;天津段、河北段、吉林段交通量同比有不同程度增大,其余路段都有所下降	平行的普通公路G102北京段、天津段,河北段和吉林段中度拥堵,辽宁段、黑龙江段基本畅通。与上年相比,吉林段拥堵情况有所加剧,辽宁段有所缓解,其余路段基本持平	3.73

· 52 ·

附录A 6条主要通道运行状况评价结果汇总表

续上表

序号	通道名称	技术状况		阻断情况		拥挤情况			通道运行指数
		PQI	技术状况空间分布	阻断程度	阻断事件特征	拥挤度	交通量空间分布特征	拥挤度空间分布特征	
2	京沪通道 高速公路	96.13 优等	全路段均处于优等水平	累计阻断时间 1240.28d；累计阻断里程 37812.23km；阻断严重度 47100km·d	京沪通道全年共上报阻断事件1354起，其中突发性阻断事件1301起，计划性阻断事件53起。北京市境内阻断事件数量最多，天津市境内阻断程度最高	0.99 严重拥堵	京沪通道中的高速公路（G2）全线交通量都较大，上海段交通量最大，为106675pcu/d，天津交通量最小，为10526pcu/d；江苏段、上海段交通量同比增长高于10%。	京沪通道中的高速公路（G2）中，北京段、江苏段和上海段严重拥堵，天津段、河北段和山东段基本畅通。上海段拥堵情况有所加剧，北京段、河北段和山东段拥堵程度有所缓解。	3.07
	京沪通道 普通公路	92.74 优等	全路段均处于优等水平	累计阻断时间 917.90d；累计阻断里程 115.05km；阻断严重度 4700km·d		1.11 中度拥堵	平行的普通公路中，G205 江苏段交通量最大，为4626pcu/d；G312 上海段均超过30000pcu/d；G205 山东段，上海段，江苏段交通量长高于10%；北京段，河北段交通量同比有所下降	平行的普通公路中，G104 北京段和江苏段中度拥堵，G312 上海段严重拥堵，G104 北京段和 G205 山东段轻度拥堵，其余路段拥堵情况略有加剧，G205 江苏段拥堵情况基本持平	3.12

续上表

序号	通道名称	技术状况		阻断情况		拥挤情况			通道运行指数
		PQI	技术状况空间分布	阻断程度	阻断事件特征	拥挤度	交通量空间分布特征	拥挤度空间分布特征	
3	京港澳通道	高速公路 94.39	除湖北省处于良等水平外，其余路段均处于优等水平	累计阻断时间 6746.50d；累计阻断里程 98962.49km；阻断严重度 186500km·d	京港澳通道全年共上报阻断事件 3794 起，其中突发性阻断事件 2233 起，计划性阻断事件 1561 起。湖南省境内路段阻断事件数量最多，河南省阻断程度最高	0.86 中度拥堵	京港澳通道中的高速公路（G4）交通量较大，全线均超过 35000pcu/日，其中北京段交通量最大，为 75468pcu/日；河南段和广东段交通量同比有所增长，其余路段同比有所下降。平行的普通公路 G107 河北段和广东段超过 25000pcu/日，湖南段交通量最小，为 17792pcu/日。与去年相比，G107 河北段和湖南段有所增长，其余路段同比有所下降	京港澳通道中的高速公路（G4）北京段、河北段和湖南段严重拥堵，其中北京段中度拥堵，其余路段段轻度拥堵。与去年相比，河北段和北京段拥堵有所加剧，河南段和广东段拥堵程度基本持平。平行的普通公路 G107 河南段基本畅通，北京段中度拥堵。与去年相比，北京段、河南段和广东段拥堵情况有所减缓，其余路段基本持平	2.99
		普通公路 89.47	京冀粤段处于良等水平，其余路段处于良等水平	累计阻断时间 980.15d；累计阻断里程 48.91km；阻断严重度 5600km·d		0.93 中度拥堵			3.27

附录A　6条主要通道运行状况评价结果汇总表

续上表

序号	通道名称	技术状况		阻断情况		拥挤情况			通道运行指数
		PQI	技术状况空间分布	阻断程度	阻断事件特征	拥挤度	交通量空间分布特征	拥挤度空间分布特征	
4	长深通道 高速公路	95.37	全路段均处于优等水平	累计阻断时间 2705.48d 累计阻断里程 33767.89km 阻断严重度 91100km·d	长深通道全年共上报阻断事件940起,其中突发性阻断事件778起,计划性阻断事件162起。江苏境内阻断事件数量最多,天津境内阻断程度最高	0.58 基本畅通	长深通道中的高速公路(G25)吉林段,福建段交通量较小,其余路段交通量均较大。最大的天津段达到7626pcu/日,山东段、广东段分别为62148pcu/日和48420pcu/日。与去年相比,辽宁段、山东段、江苏段、吉林段增长高于10%,河北段和福建段略有增长,其余路段有所下降	长深通道中的高速公路(G25)全线较为通畅,仅山东段和广东段达到轻度拥堵,天津段和浙江段达到中度拥堵,其余路段基本畅通或畅通。与去年相比,山东段拥堵有所加剧,其余路段拥堵情况基本持平	3.60
	长深通道 普通公路	90.94	吉津冀粤段良等水平,其余路段处于优等水平	累计阻断时间 417.59d 累计阻断里程 117.58km 阻断严重度 1300km·d		0.94 中度拥堵	平行的普通公路中,G205山东段交通量最大,达到35428pcu/日;G203吉林段交通量最少,为8154pcu/日。与去年相比,G205天津段、山东段和安徽段交通量分别增长11%、13%和16%;G203吉林段和G205广东段略有增长,其余路段有所下降	平行的普通公路中,G101辽宁段,G205安徽段,G205福建段基本畅通,其余路段轻度以上拥堵。与去年相比,G205江苏段和G104浙江段拥堵情况略有加剧,其余路段拥堵基本持平	3.69

续上表

序号	通道名称		技术状况		阻断情况			拥挤情况			通道运行指数
			PQI	空间分布	阻断程度		阻断事件特征	拥挤度	交通量空间分布特征	拥挤度空间分布特征	
5	连霍通道	高速公路	94.50	全路段均处于优等水平，苏陕段优于豫新等等水平	累计阻断时间 10231.15d			0.37 基本畅通	连霍通道中的高速公路（G30）河南段到陕西段交通量超过40000pcu/日，其余路段交通量在20000pcu/日以下。与去年相比，江苏段、安徽段和河南段交通量有所增长，其余路段有所下降	连霍通道中的高速公路（G30）全线较为畅通，除河南段为轻度拥堵外，其余路段均为基本畅通或畅通。与去年相比，河南段拥堵情况略有加剧，其余路段基本持平	3.84
					累计阻断里程 45414.88km						
					阻断严重度 395000km·d		连霍通道全年共上报阻断事件2353起，其中突发性阻断事件1166起，计划性阻断事件1187起。甘肃境内阻断数量最多，陕西境内阻断程度最高				
		普通公路	82.85	苏陕段处于优等水平，豫新段处于良等水平，甘肃段处于中等水平	累计阻断时间 2862.46d			0.66 基本畅通	平行的普通公路中，G30、G310河南段，G312新疆段交通量较大，为22872pcu/日，G310江苏段交通量最小，为8805pcu/日。与去年相比，G310江苏段和陕西段、G312甘肃段交通量有所增长，其余路段交通量有所下降	平行的普通公路中，G30、G310河南段，其余路段基本畅通。陕西段轻度拥堵，其余路段基本持平。江苏段与去年相比，陕西段和江苏段拥堵略有加剧，其余路段基本持平	3.25
					累计阻断里程 3911.48km						
					阻断严重度 79000km·d						

附录A 6条主要通道运行状况评价结果汇总表

续上表

序号	通道名称	技术状况			阻断情况			拥挤情况			通道运行指数
		PQI	技术状况空间分布	阻断程度	阻断事件特征		拥挤度	交通量空间分布特征	拥挤度空间分布特征		
6	沪蓉通道	高速公路 95.56 优等	全路段均处于优等水平	累计阻断时间 4015.56d 累计阻断里程 21120.84km 阻断严重度 135700km·d	沪蓉通道全年共上报阻断事件2420起,其中突发性阻断事件1506起,计划性阻断事件914起。重庆境内阻断事件数量最多,并且阻断程度最高		0.65 基本畅通	沪蓉通道中的高速公路(G42)江苏段交通量达到105948pcu/日,交通量最小的重庆段为16793pcu/日,高速公路安徽段、四川段和江苏段有所增长,其余路段基本持平。	沪蓉通道中的高速公路(G42)江苏段达到中度拥堵,安徽段到四川段基本畅通或畅通。与去年相比,各路段拥堵情况基本持平。		3.50
		普通公路 90.88 优等	沪苏皖段处于优等水平,其余路段处于良等水平	累计阻断时间 1483.23d 累计阻断里程 600.70km 阻断严重度 1800km·d			0.73 轻度拥堵	平行的普通公路中,G312江苏段交通量最大,达到46796pcu/日,四川段交通量较小,为6786pcu/日。与去年相比,G318重庆段有所增长,安徽段交通量有所下降,其余路段交通量基本持平	平行的普通公路中,G312上海段和G318重庆段达到严重拥堵,G312江苏段和G318重庆段中度拥堵,其余路段基本畅通或畅通。与去年相比,重庆段拥堵情况略有加剧,其余路段拥堵情况基本持平		4.13

附录B 全国高速公路出口流量分省汇总表

范围	汽车		客车流量 (万辆次)	货车流量 (万辆次)
	流量(万辆次)	同比变化(%)		
全国高速公路路网	1053773	8.54	830038	223735
北京	63435	-0.10	56797	6638
天津	23486	4.05	14897	8589
河北	63276	5.25	41094	22182
山西	28813	3.94	17284	11529
内蒙古	11197	-15.64	7238	3958
辽宁	21897	6.61	16576	5321
吉林	8290	1.24	6491	1800
黑龙江	9641	9.06	7525	2117
上海	46752	5.64	37208	9545
江苏	80332	9.84	62224	18108
浙江	72972	10.88	54152	18820
安徽	28589	9.67	21631	6959
福建	36315	10.82	28729	7586
江西	23446	8.96	17140	6306
山东	53244	10.14	38137	15106
河南	56825	11.49	43106	13719

续上表

范 围	汽 车		客车流量（万辆次）	货车流量（万辆次）
	流量（万辆次）	同比变化（%）		
湖北	35637	11.33	26599	9038
湖南	35055	9.03	28163	6892
广东	198734	6.73	159533	39201
广西	26058	18.66	20005	6053
重庆	28492	8.85	22558	5934
四川	74534	8.25	62689	11845
贵州	36064	9.13	30500	5564
云南	40182	5.08	32814	7368
陕西	36947	5.63	28610	8337
甘肃	10916	7.83	7954	2962
青海	7329	3.95	5548	1781
宁夏	6695	25.26	4730	1965
新疆	9904	35.91	6421	3483

附录C 全国干线公路网技术状况表

2019 年全国普通国道路面使用性能指数及分项指标统计　　附表 C-1

序号	省 份	PQI	分项指标		优良路率（%）	次差路率（%）	评定里程（km）
			PCI	RQI			
1	北京	92.43	91.02	94.56	98.97	0.13	100
2	天津	88.40	85.72	92.41	96.74	0.52	50
3	河北	86.66	82.04	93.57	79.52	5.96	600
4	山西	82.6	81.26	84.59	69.06	12.02	450
5	内蒙古	88.24	85.61	92.19	88.45	5.45	850
6	辽宁	86.51	81.75	93.65	83.42	3.86	500
7	吉林	79.18	70.92	91.56	49.85	19.42	350
8	黑龙江	76.77	70.07	86.81	56.52	28.35	550
9	上海	93.06	94.32	91.18	100	0	50
10	江苏	95.82	97.24	93.68	100	0	350
11	浙江	96.19	98.37	92.89	100	0	250
12	安徽	95.42	95.78	94.87	100	0	300
13	福建	90.15	91.17	88.62	97.99	0	300
14	江西	92.02	91.62	92.6	92.08	0.98	400
15	山东	90.61	89.01	93.01	84.59	4.17	550
16	河南	88.92	88.71	89.26	88.08	2.45	450

续上表

序号	省份	PQI	分项指标		优良路率（%）	次差路率（%）	评定里程（km）
			PCI	RQI			
17	湖北	89.23	90.77	86.93	93.05	2.18	450
18	湖南	89.59	92.93	84.59	93.79	0.09	500
19	广东	86.23	84.57	88.7	83.8	2.41	500
20	广西	82.94	82.26	83.98	73.82	10.12	550
21	海南	91.72	91.45	92.12	94.54	0.13	150
22	重庆	93.54	94.54	92.04	99.78	0	150
23	四川	94.23	93.88	94.76	99.4	0.11	700
24	贵州	91.62	93.44	88.9	98.7	0.16	350
25	云南	88.19	87.21	89.68	88.99	2.93	750
26	西藏	83.25	83.11	83.45	72.37	13.84	750
27	陕西	90.76	90.13	91.69	92.06	1.75	500
28	甘肃	85.80	82.29	91.06	80.44	10.1	600
29	青海	79.15	73.69	87.34	58.02	26.34	500
30	宁夏	89.53	87.68	92.3	97.09	0.16	150
31	新疆	74.83	64.58	90.22	50.61	29.39	900
	全国	86.82	84.74	89.94	82.01	8.00	13600

2019年各省(区、市)高速公路路面使用性能指数(PQI)分项指标统计　　附表C-2

序号	省份	PQI	分项指标			优良路率（%）	次差路率（%）	评定里程（km）
			PCI	RQI	RDI			
1	北京	93.08	91.79	93.87	94.9	97.3	0.92	100
2	天津	89.98	83.74	93.75	97.01	48.19	0	50
3	河北	92.5	89.15	94.67	96.67	73.69	0	550
4	山西	94.23	93.5	94.08	96.24	95.12	0	250
5	内蒙古	90.02	85.87	92.78	94.31	64.28	0.29	500
6	辽宁	91.53	87.95	94.17	94.99	77.08	0	450

续上表

序号	省份	PQI	分项指标			优良路率（%）	次差路率（%）	评定里程（km）
			PCI	RQI	RDI			
7	吉林	92.85	90.34	94.17	96.08	85.13	0	300
8	黑龙江	89.81	84.67	93.71	94.05	59.41	0.22	450
9	上海	96.16	97.35	94.35	97.01	100	0	50
10	江苏	95.48	95.55	95.31	95.67	100	0	400
11	浙江	95.27	96.32	93.72	95.9	99.83	0	400
12	安徽	94.6	94.54	94.76	94.47	97.82	0	400
13	福建	96.28	97.57	94.64	96.51	99.58	0	500
14	江西	96.23	96.97	95.44	96.07	98.89	0	500
15	山东	95.8	96.65	94.75	95.99	94.34	0.03	550
16	河南	93.98	92.42	94.58	96.43	92.6	0	450
17	湖北	93.99	93.63	93.98	94.89	95.09	0	500
18	湖南	94.81	94.39	95.12	95.18	97.91	0	500
19	广东	95.22	95.75	93.96	96.63	96.25	0	550
20	广西	93.89	94.19	93.05	95.12	90.07	0	450
21	海南	92.71	92.15	93.39	92.64	72.67	0	100
22	重庆	94.71	95.6	93.58	94.92	98.51	0	250
23	四川	93.26	92.7	92.79	95.79	84.93	0.26	450
24	贵州	94.73	95.87	92.95	95.69	92.1	0	300
25	云南	93.43	92.68	92.93	96.24	87.65	0	500
26	陕西	94.57	93.62	94.97	96.11	93.7	0	550
27	甘肃	91.83	89.56	92.59	95.9	66.12	0.58	450
28	青海	88.63	83.27	92.56	93.43	57.49	4	250
29	宁夏	94.37	92.9	95	96.51	92.3	0	150
30	新疆	89.69	83.77	94.5	94.12	54.26	0.34	500
	全国	93.55	92.31	94.06	95.54	86.02	0.17	11400

附录C 全国干线公路网技术状况表

附表 C-3 2019年重点监测桥梁技术状况评价

序号	公路技术等级	路线编号	桥梁名称	所在省份	建成年份	末次评级	养管单位规范化评分			省级部门规范化管理评分	监测结果
							规范化管理	技术状况	综合评分		
			全国均值				95.18	81.27	86.83	87.06	
1		G7	东北望北路北立交桥	北京	2011	三类	97.88	80.05	87.18	96.45	三类
2		G45	三家店桥	北京	2009	三类	99.05	84.95	90.59	96.45	三类
3		S113	津塘高架立交桥	天津	1999	三类	95.09	68.40	79.08	89.94	三类
4		G2502	永定河泛区特大桥	天津	2010	三类	98.68	84.85	90.38	89.94	三类
5		G1	大凌河大桥(上行)	辽宁	2000	三类	97.41	84.45	89.64	86.00	三类
6		G40	上海长江大桥	上海	2009	三类	96.35	85.60	89.90	90.51	三类
7		G1503	沪崇苏立交桥	上海	2009	三类	96.00	81.65	87.39	90.51	三类
8		G2503	南京长江第三大桥	江苏	2005	三类	97.04	85.50	90.12	88.84	三类
9		G15	温州大桥	浙江	1999	三类	94.54	82.15	87.11	86.47	三类
10	高速公路	G15	下白石大桥	福建	2003	三类	99.10	84.45	90.31	86.60	三类
11		G9411	虎门大桥辅航道桥	广东	1997	三类	96.94	83.85	89.08	83.68	三类
12		G22	壶口黄河特大桥	山西	2012	三类	97.46	85.80	90.46	91.11	三类
13		G45	龙华松花江特大桥	吉林	2008	三类	98.15	81.75	88.31	86.54	三类
14		G1001	松花江公路大桥	黑龙江	2009	三类	84.38	72.95	77.52	81.60	三类
15		G3	铜陵长江公路大桥	安徽	1995	三类	92.98	81.55	86.12	85.99	三类
16		G35	颍河特大桥	安徽	2009	三类	94.87	87.15	90.24	85.99	三类
17		G45	卫河特大桥	河南	2010	三类	97.10	84.45	89.51	91.80	三类
18		G60	沅水大桥	湖南	2007	三类	98.68	87.15	91.76	95.90	三类
19		G60	北盘江大桥	贵州	2008	三类	95.02	82.55	87.54	88.70	三类
20		G8511	化皮冲特大桥	云南	2000	三类	96.14	82.15	87.75	82.66	三类

续上表

序号	公路技术等级	路线编号	桥梁名称	所在省份	建成年份	末次评级	养管单位规范化评分 规范化管理	养管单位规范化评分 技术状况	养管单位规范化评分 综合评分	省级部门规范化管理评分	监测结果
21	高速公路	G65	洛河特大桥	陕西	2006	二类	99.10	84.35	90.25	89.30	二类
22		G65	旬河特大桥	陕西	2009	二类	91.21	79.55	84.21	89.30	二类
23		G6	天峻路高架桥	青海	2010	二类	97.46	80.05	87.01	86.14	二类
24		G20	银川黄河大桥	宁夏	1994	二类	98.68	79.95	87.44	88.67	二类
25		G69	江圳右江特大桥	广西	2007	二类	98.26	80.40	87.54	86.34	二类
26		G230	郭沟滦河特大桥	河北	2009	二类	93.75	74.00	81.90	87.92	二类
27		G228	锦州湾特大桥	辽宁	2009	二类	92.77	85.80	88.59	86.00	二类
28		G308	济阳迎宾黄河大桥	山东	2008	二类	98.68	84.45	90.14	84.39	二类
29		G223	加积大桥	海南	2008	二类	91.59	82.15	85.93	82.70	二类
30		G353	瑞洪特大桥	江西	2003	二类	90.69	82.55	85.80	86.00	二类
31	普通国道	G208	洛阳黄河公路大桥	河南	1976	二类	97.10	82.15	88.13	91.80	二类
32		G348	龙潭黄河大桥	湖北	2000	二类	94.66	80.45	86.13	89.65	二类
33		G352	芙蓉镇大桥	湖南	2003	二类	95.40	81.65	87.15	95.90	二类
34		G4217	庙子坪岷江特大桥	四川	2009	二类	93.18	70.75	79.72	84.95	二类
35		G242	夔门长江大桥	重庆	2006	二类	99.10	84.35	90.25	89.84	二类
36		G318	曲大九号桥	西藏	2005	二类	76.10	78.85	77.75	70.59	二类
37		G568	祁家黄河大桥	甘肃	2009	二类	94.02	73.15	81.50	86.66	二类
38		S115	屯坪路分离式立交桥	新疆	2009	二类	94.70	73.05	81.71	86.81	二类
39		G243	天峨大桥	广西	1990	二类	94.08	79.45	85.30	86.34	二类
40		G109	小沙湾黄河大桥	内蒙古	2009	二类	93.75	82.15	86.79	86.20	二类

附录C 全国干线公路网技术状况表

附表C-4 2019年长大隧道监测结果汇总

序号	区域	路线编号	隧道名称	所在省份	隧道长度(m)	建成年份	末次评级(土建)	省级规范化管理	规范化评分 - 规范化管理	养管单位 - 土建结构	养管单位 - 机电设施	养管单位 - 其他工程	综合评分	监测评级
	全国均值							82.50	82.01	74.65	80.83	95.96	82.00	—
1	东部	G80	石牙山隧道上行	广东	4606	2010	二类	78.02	89.82	71.75	88.88	95.00	89.82	土建:二类;机电:二类;其他工程:一类。总体:二类
2		G111	分水岭隧道上行	北京	3353	2009	二类	93.65	84.60	73.25	85.90	100	84.60	土建:二类;机电:二类;其他工程:一类。总体:二类
3		S20	外环隧道北孔	上海	1860	2003	三类	89.15	70.75	65.75	70.00	94.25	70.75	土建:三类;机电:三类;其他工程:一类。总体:三类
4		G25	老山2号隧道上行	江苏	1800	2006	一类	87.39	78.05	71.75	80.40	100	78.05	土建:二类;机电:二类;其他工程:一类。总体:二类
5	中部	G56	岩门界隧道下行	湖南	3785	2010	一类	86.74	90.77	86.50	96.25	100	90.77	土建:二类;机电:一类;其他工程:一类。总体:二类
6		G3511	王屋山隧道上行	河南	1920	2008	三类	89.57	90.17	76.25	94.26	100	90.17	土建:二类;机电:一类;其他工程:一类。总体:二类
7		G11	二密隧道上行	吉林	3160	2010	二类	85.64	63.72	71.25	39.22	85.07	63.72	土建:二类;机电:四类;其他工程:一类。总体:四类
8		G3	乌金岭隧道上行	安徽	3380	2008	二类	68.61	90.18	77.75	89.00	92.75	90.18	土建:二类;机电:一类;其他工程:一类。总体:二类
9	西部	G65	紫子脚隧道下行	广西	3320	2009	二类	71.22	75.83	81.25	74.00	92.54	75.83	土建:二类;机电:二类;其他工程:一类。总体:二类
10		G65	包家山隧道下行	陕西	11189	2010	二类	75.02	86.19	71.00	90.34	100	86.19	土建:二类;机电:一类;其他工程:一类。总体:二类

附表 C-5

2019 年安全设施评估结果汇总

序号	省份	评估里程（km）	左侧路侧防护率（%）	右侧路侧防护率（%）	标志完好率（%）	标线完好率（%）	防护设施完好率（%）	TCI
	全国均值	2500	96.96	99.51	92.75	80.93	96.05	93.07
1	北京	90	100.00	100.00	92.39	97.11	100.00	95.35
2	内蒙古	720	99.94	100.00	95.84	85.67	99.83	96.3
3	山西	440	99.32	99.77	90.34	73.59	99.02	90.94
4	四川	620	99.52	99.82	90.12	97.24	99.15	97.2
5	云南	630	88.97	98.40	94.17	62.27	86.05	85.54

附录C 全国干线公路网技术状况表

附表 C-6
2019 年 ETC 车道监测结果汇总

序号	省份	ETC 车道所在收费站	交易时间(ms)			一次通过率及样本量		RSU 载波频率(GHz)
			最短	最长	平均	一次通过率(%)	样本量(车次)	
	全国均值		170	613	306	99.01	46780	5.830000
1	北京	G6 清河收费站	191	465	256	99.20	1000	5.829946
2		G106 西红门收费站	199	382	245	99.20	1000	5.830000
3	天津	G2 天津机场收费站	198	399	299	96.67	630	5.830000
4		G2 金钟路收费站	203	295	251	98.35	850	5.830200
5	山东	G2001 济南东收费站	213	491	327	98.70	1000	5.840000
6		G2001 郭店收费站	306	613	450	99.60	1000	5.840000
7	安徽	G4001 蜀山收费站	199	277	251	99.40	1000	5.830000
8		G93 合肥机场收费站	273	335	304	99.40	1000	5.840000
9	江苏	G25 南京收费站	377	553	488	99.50	1000	5.830033
10		G42 宁杭高速南京收费站	359	575	478	99.50	1000	5.840000
11	上海	G2 京沪高速江桥收费站	189	259	213	98.70	1000	5.839967
12		G50 沪渝高速徐泾收费站	174	246	213	98.90	1000	5.830000
13	浙江	G2501 三墩收费站	265	447	358	99.50	1000	5.839867
14		G56 杭州西收费站	415	516	478	99.70	1000	5.829967
15	福建	G15 福州收费站	209	266	233	99.20	1000	5.840042
16		G15 营前收费站	199	278	237	99.40	1000	5.830024
17	江西	G70 南昌北收费站	234	282	266	98.00	500	5.839909
18		G70 南昌东收费站	193	262	228	97.40	500	5.840036
19	广东	G324 广清西收费站	333	395	363	98.30	1000	5.829988
20		G107 新华收费站	345	556	431	98.90	700	5.829976

续上表

序号	省份	ETC 车道所在收费站	交易时间（ms）			一次通过率及样本量		RSU 载波频率（GHz）
			最短	最长	平均	一次通过率（%）	样本量（车次）	
21	广西	G6517 石埠收费站	296	537	405	97.40	500	5.829964
22		G7201 安吉东收费站	283	408	335	98.20	500	5.839964
23	贵州	G60 观山湖收费站	232	288	263	98.80	1000	5.830018
24		G320 金华收费站	264	516	403	99.50	1000	5.829988
25	云南	G56 昆明西收费站	204	394	283	98.20	1000	5.830121
26		G78 小菁村收费站	209	423	319	99.10	1000	5.829982
27	四川	G4215 成自泸成都收费站	199	353	251	99.60	1000	5.830020
28		G4201 锦城湖收费站	339	460	393	99.50	1000	5.840013
29	重庆	G5001 北碚南收费站	212	306	269	99.70	1000	5.830013
30		G5001 双福北收费站	245	384	298	99.90	1000	5.830012
31	湖南	G5513 长沙西收费站	198	373	279	99.60	1000	5.829970
32		G4 雨花收费站	304	400	351	99.20	500	5.840009
33	湖北	G4 武汉西收费站	260	434	353	99.60	1000	5.829970
34		G4 蔡甸收费站	245	427	357	99.50	1000	5.829970
35	河南	G30 柳林收费站	204	321	252	99.00	1000	5.830000
36		G30 沟赵收费站	170	269	226	98.20	1000	5.830003
37	河北	G4 石家庄收费站	223	366	277	98.10	1000	5.830013
38		G20 栾城收费站	276	437	340	99.60	500	5.830007
39	黑龙江	G1 瓦盆窑收费站	229	386	279	99.60	500	5.840029
40		G1 双城收费站	190	357	235	99.00	500	5.829995

附录C 全国干线公路网技术状况表

续上表

序号	省份	ETC车道所在收费站	交易时间(ms) 最短	交易时间(ms) 最长	交易时间(ms) 平均	一次通过率(%)	样本量(车次)	RSU载波频率(GHz)
41	吉林	G1 长春收费站	233	351	289	97.30	1000	5.830009
42	吉林	G1 范家屯收费站	231	436	333	98.50	200	5.820012
43	辽宁	G1501 北李官收费站	213	267	238	99.80	1000	5.830003
44	辽宁	G1501 谟家堡收费站	170	276	235	99.80	1000	5.840013
45	内蒙古	G6 呼和浩特收费站	330	540	422	98.00	200	5.840010
46	内蒙古	G6 呼和浩特东收费站	312	446	368	99.00	200	5.829998
47	山西	G2001 长风收费站	211	355	284	98.40	1000	5.829955
48	山西	G2001 杨家峪收费站	176	305	231	98.60	500	5.829990
49	陕西	G65 延安北收费站	263	403	316	99.40	1000	5.829993
50	陕西	G65 安塞南收费站	178	334	245	98.50	200	5.839187
51	宁夏	G20 银川南收费站	172	273	229	99.00	1000	5.830010
52	宁夏	G0601 银川东收费站	214	308	259	99.10	1000	5.840008
53	甘肃	G22 兰州收费站	193	392	258	98.60	1000	5.830014
54	甘肃	G22 兰州东收费站	215	421	300	99.20	500	5.830014
55	青海	G6 曹家堡匝道收费站	209	290	236	99.60	500	5.830015
56	青海	G6 海东主线收费站	216	356	259	99.40	1000	5.830006
57	新疆	G30 烟墩收费站	290	427	354	98.00	100	5.830008
58	新疆	G30 二堡收费站	318	427	353	97.50	200	5.830008

附录D 全国公路网运行监测设施一览表

附表 D-1

2019年高速公路网运行监测设施一览表（单位：套）

序号	省份	车辆检测器	交通量调查设备	单要素/多要素气象监测站	桥梁健康监测系统	隧道健康监测系统	可变信息标志	无人机	应急通信车	移动巡查车	路段(互通)摄像机	服务区、收费广场摄像机	桥隧摄像机
1	北京	903	97	51	6	—	496	—	—	30	1555	759	879
2	天津	119	73	31	—	—	340	2	2	51	2814	311	97
3	河北	1152	187	199	46	29	1527	6	—	65	10624	2362	5108
4	山西	285	80	8	12	—	660	28	1	38	1048	695	6207
5	内蒙古	146	93	42	1	—	506	27	—	163	1478	1146	442
6	辽宁	438	88	45	22	—	887	—	—	71	1444	3139	1708
7	吉林	220	132	87	—	—	644	—	1	41	1145	526	2132
8	黑龙江	187	52	53	1	1	588	—	1	42	1661	620	31
9	上海	1116	293	35	2	—	533	4	1	34	958	318	340
10	江苏	151	109	302	12	3	1662	80	—	61	5868	4563	—
11	浙江	1074	134	165	31	5	1464	—	—	—	3661	1855	8218
12	安徽	485	136	663	10	—	957	1	—	3	3493	4454	1441

附录D 全国公路网运行监测设施一览表

续上表

序号	省份	车辆检测器	交通量调查设备	单要素/多要素气象监测站	桥梁健康监测系统	隧道健康监测系统	可变信息标志	无人机	应急通信车	移动巡查车	路段(互通)摄像机	服务区、收费广场摄像机	桥隧摄像机
13	福建	998	86	32	7	—	1651	6	—	292	1098	2118	14677
14	江西	428	88	116	3	—	866	3	—	0	1714	580	2885
15	山东	152	190	68	7	1	984	2	2	478	6700	1833	627
16	河南	641	70	72	2	—	1217	20	1	—	5150	9094	—
17	湖北	489	31	183	15	29	1524	9	5	28	1292	1208	7537
18	湖南	761	161	433	6	—	975	3	—	10	3834	800	3787
19	广东	493	89	166	129	630	1150	79	—	211	3128	2353	6029
20	广西	—	47	8	5	—	—	—	1	—	194	1212	2841
21	海南	66	52	19	—	—	134	—	—	4	427	10	22
22	重庆	551	92	102	5	—	1382	5	—	77	—	—	—
23	四川	905	78	167	7	4	2670	25	1	121	2179	1989	3289
24	贵州	1692	582	169	9	—	2301	45	1	680	2157	1621	12523
25	云南	547	90	118	86	145	907	8	3	2255	3226	924	4626
26	西藏	—	9	—	—	—	—	—	—	—	—	—	—
27	陕西	611	124	24	4	23	814	2	1	65	2823	1339	8057
28	甘肃	1119	97	56	1	—	884	1	2	—	777	410	5256
29	青海	139	34	—	3	—	369	2	1	54	678	300	1575
30	宁夏	80	36	29	—	—	212	—	1	—	360	202	142
31	新疆	1691	192	81	1	—	831	—	1	—	1099	2433	283

附表 D-2

2019年普通国省干线公路网运行监测设施一览表（单位：套）

序号	省份	车辆检测器	交通量调查设备	单要素/多要素气象监测站	桥梁健康监测系统	隧道健康监测系统	可变信息标志	无人机	应急通信车	移动巡查车	路段(互通)摄像机	服务区、收费广场摄像机	桥隧摄像机
1	北京	273	709	33	7	—	454	—	—	—	—	—	218
2	天津	—	214	1	—	—	10	—	—	—	43	69	117
3	河北	—	743	199	4	—	—	—	—	—	—	—	—
4	山西	—	123	—	3	27	53	15	—	43	307	51	329
5	内蒙古	28	106	5	1	—	39	—	—	598	47	106	55
6	辽宁	—	201	—	3	—	—	1	—	192	172	—	146
7	吉林	227	60	—	—	—	—	—	—	—	12	50	—
8	黑龙江	—	2	4	—	—	12	—	—	—	—	—	—
9	上海	199	135	12	64	1	139	12	1	90	300	228	72
10	江苏	779	533	12	64	1	139	12	1	90	2380	71	768
11	浙江	66	460	16	18	130	239	11	2	570	981	15	1791
12	安徽	358	358	—	11	13	—	3	2	—	—	30	—
13	福建	—	218	1	2	—	132	3	2	130	1093	23	359
14	江西	—	230	—	7	—	64	32	—	130	335	—	114
15	山东	—	213	—	6	—	20	—	—	103	500	4	155
16	河南	—	347	1	7	—	5	2	—	—	313	87	17
17	湖北	—	530	—	5	—	52	11	—	202	148	7	62
18	湖南	145	92	5	—	—	33	—	—	16	650	—	28

附录D 全国公路网运行监测设施一览表

续上表

序号	省份	车辆检测器	交通量调查设备	单要素多要素气象监测站	桥梁健康监测系统	隧道健康监测系统	可变信息标志	无人机	应急通信车	移动巡查车	路段(互通)摄像机	服务区、收费广场摄像机	桥隧摄像机
19	广东	33	249	—	5	—	30	—	—	39	720	—	30
20	广西	—	188	—	1	—	48	48	2	—	94	1	4
21	海南	—	41	—	—	—	—	—	—	—	—	—	—
22	重庆	—	251	—	13	8	29	—	—	157	20	—	51
23	四川	—	253	—	30	—	—	1	1	—	473	—	73
24	贵州	—	94	—	4	—	14	27	—	144	91	—	11
25	云南	94	43	23	1	2	23	107	1	373	451	15	421
26	西藏	—	125	6	—	—	4	—	1	54	31	0	—
27	陕西	113	127	4	—	7	63	10	1	—	40	18	55
28	甘肃	236	105	—	10	—	0	3	—	87	52	0	102
29	青海	200	50	—	—	—	68	3	—	64	118	0	35
30	宁夏	—	59	—	—	—	—	—	—	—	—	0	—
31	新疆	362	292	12	—	—	91	—	—	—	84	600	118

附录E 全国桥梁安全健康监测设施现状

序号	省 份	数量（个）	监 测 指 标	运营状态	代表性工程
1	北京	13	温度、倾斜、位移、挠度、应变、振动、裂缝	全部良好	大羊桥、八达岭大桥、水闸新桥、德胜口大桥
2	天津	—	—	—	—
3	河北	46	风速、应变、挠度、振动、动态称重	1座改造，3座不详	海儿连大桥、官厅湖特大桥、子牙新河特大桥
4	山西	15	应变、挠度、温度、振动、动态称重、索力、桥塔偏位、风力	全部良好	忻州小沟桥、龙门黄河特大桥
5	内蒙古	2	应变、挠度、支座位移、裂缝、振动	良好	包头黄河大桥
6	辽宁	25	温湿度、应变、挠度、振动、索力、桥塔变形、风力、动态称重	1座良好，1座在建	辽河特大桥、中朝鸭绿江界河公路大桥
7	吉林	1	挠度、应变、温度	良好	G102京抚公路乌金屯大桥
8	黑龙江	1	温湿度、应变、挠度、振动、索力、桥塔变形、风力	良好	四方台松花江大桥
9	上海	2	温湿度、应变、挠度、振动、索力、桥塔变形、风力等	全部良好	长江大桥、闵浦大桥
10	江苏	76	温湿度、应变、振动、挠度、索力、桥塔变形、风力、倾角、梁端位移、动态称重	全部良好	润扬长江大桥、江阴长江大桥、苏通大桥、南京长江二桥、泰州大桥

续上表

序号	省份	数量(个)	监测指标	运营状态	代表性工程
11	浙江	49	温湿度、应变、振动、挠度、索力、桥塔变形、风力、倾角、梁端位移、动态称重	全部良好	杭州湾跨海大桥、下沙大桥、之江大桥、西堠门大桥、金塘大桥
12	安徽	21	温湿度、应变、振动、挠度、索力、桥塔变形、风力、倾角、梁端位移、动态称重	全部良好	铜陵长江大桥、芜湖长江大桥、安庆长江大桥、马鞍山大桥
13	福建	8	温湿度、应变、振动、挠度、索力、桥塔变形、风力、倾角、梁端位移、动态称重	全部良好	青州大桥、厦漳跨海大桥、下白石大桥、沧海大桥、八尺门大桥
14	江西	5	索力、线形、应变、塔顶位移、伸缩缝	全部良好	三阳特大桥、鄱阳湖大桥、九江长江公路大桥
15	山东	7	温湿度、应变、振动、挠度、索力、桥塔变形、风力、倾角	全部良好	滨州黄河公路大桥、东营黄河公路大桥、青岛海湾大桥、弥河大桥
16	河南	9	挠度、应变、振动	全部良好	刘江黄河大桥、桃花峪黄河大桥
17	湖北	20	温湿度、应变、振动、挠度、索力、桥塔变形、风力、倾角、梁端位移、动态称重	全部良好	军山大桥、阳逻长江大桥、二七长江大桥、鹦鹉洲长江大桥
18	湖南	0	温湿度、应变、振动、挠度、索力、桥塔变形、风力、倾角、梁端位移、动态称重	全部良好	矮寨大桥、洞庭湖大桥、茅草街大桥
19	广东	134	温湿度、应变、振动、挠度、索力、桥塔变形、风力、倾角、梁端位移、动态称重	全部良好	珠江黄埔大桥、虎门大桥、新光大桥、港珠澳大桥
20	广西	6	应变、应变、动态称重、温度	全部良好	大冲邕江特大桥、六景郁江特大桥、西江扶典口特大桥、红水河大桥、钦江特大桥
21	海南	—	—	—	—
22	重庆	18	温湿度、应变、振动、挠度、索力、桥塔变形、风力、倾角、梁端位移、动态称重	全部良好	涪陵特大桥梁健康监测、石板坡长江大桥复线桥、大佛寺长江大桥、马桑溪长江大桥

续上表

序号	省份	数量(个)	监测指标	运营状态	代表性工程
23	四川	37	挠度、应变、温度	全部良好	泸州长江大桥、金沙江金沙特大桥、秦安长江大桥、州河特大桥、城门洞大桥
24	贵州	13	温湿度、应变、振动、挠度、索力、桥塔变形、风力	2座良好,3座不详	红枫湖大桥、坝陵河特大桥、石门坎特大桥
25	云南	87	梁端位移、伸缩缝及支座纵向位移、空间变位、温度	全部良好	悉尼特大桥(原澜沧江特大桥)
26	西藏	—	—	—	—
27	陕西	5	沉降、挠度、应变、裂缝	全部良好	徐水沟特大桥、洛河特大桥、杜家河大桥
28	甘肃	14	温湿度、应力、应变、加速度、动态称重	全部良好	天水黄河大桥、东岗黄河大桥、白家沟大桥、卢家沟大桥、关头坝特大桥(双链式加劲钢桁架悬索桥)、堡子坪大桥、麻花沟大桥
29	青海	1	温湿度、风力、变形	良好	海黄大桥
30	宁夏	3	挠度、应变、温度	全部良好	叶盛黄河公路大桥、吴忠黄河公路大桥
31	新疆	1	挠度、应变、温度、风力、桥塔变形、索力	良好	果子沟大桥

《中国公路网运行蓝皮书(2019)》

各省(区、市)主要编写人员

北京
傅志浩　沈兴华　张予博

天津
魏宏云　汪东升　李海斌　王　健　刘　英　薛　文　孙海元

河北
吕兰明　刘彦涛　张文斌　秦　娟　王杜娟　陈　光　赵彦飞

山西
石利强　李俐锋　赵　京　刘铁英　麻　琳　刘　超　杨　俊

内蒙古
卢东升　邓　锐　袁　野　苏日呼　杨海峰

辽宁
佟　潇　刘成宇　袁　跃

吉林
王希碧　姜艳霞　李冬丽　杨运超　于　丹　呼显臣　张宏国

黑龙江
马向东　李　军　李　铁　王大勇

上海
樊鸿嘉　高子栋　唐维君　周丽娜　张勇敢　吕华勇

江苏
杨伟东　戈权民　王建刚　董　松　马　梅　马梦豪

浙江

卢瑛瑛　吕伟东　楼纪昂　陈伟华　凌宏标　单　强　程　勇
方　颖　支冬美

安徽

徐　翔　王剑武　赵　航　王　波　严志欣　邓　萍　孙传明
耿　鹏

福建

唐朝阳　杨木森　方　敏　张继林　王　烨　姚凌云　邹　莹
谢敏丽

江西

王　硕　邹　帅　陈　霞　梁　靓　邓娟娟　唐嘉立　蒋雪菲
林茂森　王遐莽

山东

张　皎　崔允俊　纪新志　王　晖　宋　慧　高玮阳　孙文婷

河南

靳　明　宋元华　刘　艳　郭　晶　胡颖雷　王　喆　许　伟
李　磊

湖北

张　宏　孙　军　朱业贵　黄守强　谢华鸾　黄　河　陆　放
左　玲

湖南

虢　柱　欧剑波　肖和平　王光辉　吴　林　吴　巍　周　彪
夏　涛　赵林岚　卢显旻

广东

黄景欣　唐　伟　张建栋　陈　春

广西

韦顺敏　陈　迎　温玉佳　谭湘叶　韦韡隆　梁　燕　韦春霞

海南

陈宇哲　王　瑜

重庆

刘　幸　黎　洪　吴　川　沈　茂　许天洪　周　正　朱晋静

四川

任吉剑　张业红　程　京　李沈凌　陈　珂　卢　勇　周　文

贵州

丁志勇　周　旺　罗　飞　朱文博　高林熹　熊　玲　杨　健

云南

杨晓泉　王雪垠　寇芳玲　樊　婷　杨　璐　吴幸妮　阮鸿柱
周鹏刚

西藏

陈　彬　付钲涵　刘　永　张　伟

陕西

李庆达　南争伟　马　甲　向　红　王　磊

甘肃

罗中民　王光超　郭凯斌　沈菊梅　贾　琳

青海

李积胜　史国良　杨培红　蔡兆强　祝可文　张乃月　毕海晨

宁夏

田晓明　姬海军　杨登荣　段龙龙　丁小平　李　艳　牛淑芳
杨芙蓉　彭　波　赵中飞

新疆

赵　勇　张　凯　张云飞　贾言言　黄　鑫　李向阳　马　丽
李玮芬　张　瑞　李喜威　卡米尔·吾甫尔　朱啸辰